全国“八五”普法统编教材

农民
以案释法读本

（第二版）

全国“八五”普法统编教材编写组　编

法律出版社
LAW PRESS · CHINA

撰稿人 刘 凝 邱彩霞 杨智星

编写说明

2020年11月16日至17日召开的中央全面依法治国工作会议，明确了习近平法治思想在全面依法治国工作中的指导地位，这是我国社会主义法治建设中具有现实意义和深远意义的大事。习近平法治思想是马克思主义法治理论中国化的最新成果，是习近平新时代中国特色社会主义思想的重要组成部分，是全面依法治国的根本遵循和行动指南。

在习近平新时代中国特色社会主义思想指导下，深入学习贯彻习近平法治思想，我们编写《农民以案释法读本》(第二版)，以落实《中央宣传部、司法部关于开展法治宣传教育的第八个五年规划(2021—2025年)》，切实抓好普法学习宣传，维护好农民权益，增强其法治观念。主要修订如下：

第一，内容方面。在2020年中央全面依法治国工作会议上，习近平法治思想被确定为全面依法治国的指导思想。习近平总书记提出的"十一个坚持"就是习近平法治思想的核心要义。其中，第二个坚持"坚持以人民为中心"，要求把体现人民利益、反映人民愿望、维护人民权益、增进人民福祉落实到全面依法治国各领域全过程，积极回应人民群众对民主、法治、公平、正义、安全、环境等方面的新需求、新期待。据此，本书增加了在新时代背景下与农民各项权益密切相关的案例。

根据2021年1月1日开始实施的《民法典》，本书新增与农民权益相关内容，如"离婚冷静期""医疗侵权"等方面的案例。

近年，有关农民权益的《村民委员会组织法》(2018年修改)、《农村土地承包法》(2018年修正)、《土地管理法》(2019年修正)、《森林法》

(2019年修订)等法律及实施条例已修改、修订或修正,我们对相应的内容也作了补充。

第二,结构方面。参照《民法典》体系调整部分结构,更加全面充分地保护新时代农民权益。

针对每项法律“知识”增加对应的案例,采取更加清晰合理的体例:案例所涉的法律问题—案例—分析,以方便读者理解并更快掌握法律知识。

第三,文字方面。对小标题作了调整修改,力求简洁、平易;文风更加精炼,详略得当,重点突出。

普法宣传是一个长期、持续的过程,任重道远。2020年12月,中共中央印发了《法治社会建设实施纲要(2020—2025年)》,明确提出到2025年,“八五”普法规划实施完成,法治观念深入人心,社会领域制度规范更加健全,社会主义核心价值观要求融入法治建设和社会治理成效显著,公民、法人和其他组织合法权益得到切实保障。希望本书能为我国的法治建设、农民的权益维护发挥作用,作出一份独特的贡献。

全国“八五”普法统编教材编写组

2021年6月

目 录

Contents

一、村民自治

二、土地承包

三、生产经营

五、农民行政、人格及侵权纠纷权益保护

七、婚姻家庭

八、治安管理

九、法律援助

一、村民自治

(一)村民自治法律知识

1. 村民自治包括哪些内容

案例

某村村民王某刚过18岁生日。他看到很多青壮年村民都去外地务工,留下来的人大多数都是老年人,突然发现曾经美丽的乡村变成了"老年村"。他决定留下来建设美丽乡村,但如何治理乡村是个问题,他想知道什么是村民自治?

解析

村民自治就是村民自我管理、自我教育、自我服务,依法办理自己的事情。村民自治范围的主要事项有:(1)村民委员会的设立、撤销和范围的调整;(2)村民小组长的推选;(3)村民委员会主任、副主任和委员的选举;(4)村民委员会成员的罢免;(5)涉及村民利益的重大事项(村民委员会需提请村民会议讨论决定);(6)村民会议制定和修改村民自治章程、村规民约;(7)村民委员会实施村务公开制度。

我国《村民委员会组织法》第2条规定,村民自治的方式是"四个民主",即民主选举、民主决策、民主管理、民主监督。民主选举包括以下3个方面:(1)村民委员会的主任、副主任和委员民主选举产生,任何组织或者个人不得指定、委派村民委员会成员;(2)村民委员会选举过程贯穿民主原则;(3)村民自治中的组织及其成员一律按期换届,可以连选、连任,但不搞终身制。民主决策,是指涉及村民切身利益的事项,必须由村民民主讨论,按多数人的意见作出决定。民主管理,是指对村内的社会事务、经济建设等的管理,要遵循村民的意见,在管理过程中吸收村民参加,并认真听取村民的不同意见。民主监督,是指由村民对村民委员会的工作和村内的各项事务实行民主监督。

▶ 2. 村民委员会应如何设立及主要任务有哪些

案例

某村村民王某想帮留守的老年村民办实事,他才知道以前的"大队"已经改名为"村民委员会",村里面的"大事小情"基本上都是通过村民委员会来办理。他想加入村民委员会,想了解一下村民委员会的具体内容。

解析

村民委员会是村民自我管理、自我教育、自我服务的基层群众性自治组织,不是国家基层政权组织,既不是一级政府,也不是乡镇政府的派出机构;它简称村委会。

根据《村民委员会组织法》第 3 条第 1 款的规定,村民委员会应当按照以下几个原则和条件设立:

第一,便于群众自治是决定村民委员会设置应遵循的一项基本原则。

第二,居住状况和人口多少是决定村民委员会设置的具体标准。

第三,有利于经济发展和社会管理是决定村民委员会设置的目的要求。

村民委员会的设立,还应当考虑历史状况和村民习惯。

根据《村民委员会组织法》第 3 条第 2 款的规定,村民委员会的设立、撤销、范围调整的具体程序是:第一,乡镇人民政府提出方案。第二,乡镇人民政府提出方案后,要经过村民会议讨论同意。第三,为了统筹全局,做好协调工作,村民委员会的设立、撤销、范围调整的方案在经村民会议讨论同意后,要报县级人民政府批准。

根据《村民委员会组织法》第2条第2款的规定,村民委员会的主要任务有:(1)村民委员会办理本村的公共事务和公益事业;(2)调解民间纠纷;(3)协助维护社会治安;(4)向人民政府反映村民的意见、要求和提出建议。

▶ 3. 村民委员会可以设立下属委员会吗

案例

某村村民王某在村里人缘很不错,加上年轻力壮,没少为各家各户帮忙。老李家的猪圈漏雨,他帮忙修理;老张家的电视调不出节目,他也帮忙修理;等等。办实事的王某觉得自己毕竟只是一个人,俗话说"人多力量大",他想在村民委员会下面设立一个专门帮助村民解决日常生活问题的专门委员会,不知道是否可以?

解析

《村民委员会组织法》第7条明确规定,村民委员会根据需要,可以设立人民调解、治安保卫、公共卫生与计划生育等委员会。这里所说的"根据需要",是指根据本村实际工作需要、经济发展状况以及广大群众的意愿等方面的情况。据此可知,王某的想法很切合实际,该村在房屋修缮、家用电器方面都有问题需要村委会解决,所以理应设立专门的委员会帮助村民解决。

▶ 4. 村民委员会选举,没那么简单

案例

某村村民王某,这个年轻的"老好人"在村里颇有威望,很多村民都

希望他加入村民委员会,带领大家发家致富,建设美丽新农村。但有人认为,王某毕竟年轻,得多考验几年。但大多数人还是认为,他们村的青壮年都跑外地务工了,村民委员会现在的成员,基本都是老年人,所以吸收"新鲜血液"加入村民委员会很有必要。王某如果想参加村民委员会的选举,需要符合什么程序?

解析

根据《村民委员会组织法》和实践中各地的主要做法,村民委员会选举一般应当经过以下几个程序:

(1)选举前的准备工作,主要是省、市、县、乡各级党委、人民政府组织设立村民委员会换届选举工作领导小组,制订选举工作方案;(2)推选产生村民选举委员会;(3)确认选民资格,登记公布选民名单;(4)组织村民酝酿,提名产生候选人;(5)选举日的投票工作;(6)做好工作交接和建章立制工作。

根据《村民委员会组织法》第12条的规定,村民选举委员会由主任和委员组成,由村民会议、村民代表会议或者各村民小组会议推选产生。村民选举委员会组成人员的数量一般根据村的大小和选民多少来决定。村民选举委员会一经推选产生,就应及时向全体村民公布。据此可知,只有本村的选举工作符合以上条件,如果王某当选,才是合法的选举。年轻的王某在村里有很高的威望,村民也希望王某参加村民委员会选举,帮大家服务,但村民委员会选举工作也是一项极为严肃的工作,需要符合法定条件。

5. 你也可以加入村民委员会

案例

某村村民王某今年18周岁,没有什么恶习,喜欢帮助村民,是他们村的“希望之星”。现在很多村民都建议王某加入村民委员会，为美丽农村建设添砖加瓦。凭王某现在的条件，他有资格加入村民委员会吗？

解析

村民的选举权，是指村民依照《村民委员会组织法》的规定可以参加村民委员会的投票选举；村民的被选举权，是指村民可以被依法提名为村民委员会候选人，被选为村民委员会成员。按照《村民委员会组织法》第13条的规定，村民具备以下几个条件就享有选举权和被选举权：第一，属于本村村民。第二，到选举日为止年满18周岁。第三，享有政治权利，即未被剥夺政治权利。不分民族、性别、宗教信仰、教育程度和财产状况等，都有权参加选举。王某作为本村的“希望之星”，很多村民希望他加入村民委员会，但村民委员会成员的选举资格也是有法律规定的，只有享有选举权的村民才有机会加入村民委员会。据此可知，王某年满18周岁，户口也是本村的，没有犯罪记录，因而，他有选举资格加入村民委员会。

6. 可以参加两个村村民委员会的选举吗

案例

某村村民王某今年22周岁，在他加入村民委员会工作的这几年，村里方方面面都“焕然一新”。比如，以前吃不上水的家庭已经吃上自来水；以前通不上电的家庭已经用上电视、电冰箱。邻村的人看着都“眼红”，没少给王某“说媳妇”。在邻村媒人董某的撮合下，邻村女青年赵某和王某处起了“对象”，赵某所在村的书记刘某甚至想把王某挖过去，加入他们的村民委员会。但王某听说，一名村民好像不能同时加入两个村的村民委员会。真的是这样吗？

解析

《村民委员会组织法》第 13 条第 3 款明确规定:“已在户籍所在村或者居住村登记参加选举的村民,不得再参加其他地方村民委员会的选举。”也就是说,王某不得同时在两个或两个以上不同的村参加村民委员会选举,包括参加村民委员会选举投票和参加选举村民委员会成员。据此可知,王某加入本村村民委员会后,村民服务工作很出色,获得村民的好评,但同时加入另外一个村的村民委员会还是有法律限制的。

7. 出门在外,也可以参加村民委员会的选举

案例

某村村民孙某在外地干装修的活,平时逢年过节才会回来。最近听说他的好朋友王某参加村里面的村民委员会选举,他想投王某一票,可身在外地,不知道能否委托别的村民代为投票?

解析

外出人员可以进行委托投票,参加村民委员会的选举。《村民委员会组织法》第 15 条第 4 款规定:第一,委托投票只适用于选举期间外出无法参加投票的情形。登记参加选举的村民应当尽量自己投票,只有在整个投票期间距离村太远,无法自行投票的,才能委托投票。如果人在本村范围内,只是农活太忙,不能适用委托投票。第二,委托的形式必须是书面形式。口头等非书面形式不符合委托投票的要求,委托无效。村民选举委员会不得让没有取得书面委托书的村民代他人投票。第三,委托对象,也就是受托人,限于在本村有选举权的近亲属。第四,村民选举委员会应当公布委托人和受委托人的名单,便于群众监督,有效防止滥用委托的行为发生。村民孙某虽然在外地务工,但心系本村的选举工作,可以委托别的村民代为投票。

▶ 8. 参与村民委员会选举时，有秘密写票处吗

案例

某村村民叶某性格温顺，无论是做人还是处事，很少得罪人。但也有人挖苦他胆小怕事，没有自己的性格。最近村里要搞村民委员会选举，为了避免选这个人、不选那个人，落人话柄，他想知道能不能设置秘密投票站。

解析

《村民委员会组织法》第 15 条第 3 款规定："选举时，应当设立秘密写票处。"在村民委员会换届选举工作中，无论在选举大会的中心会场，还是在投票站，都应设立秘密写票处。设立秘密写票处是为了保证选民不受干扰地、自由地填写选票，真正地行使自己的民主权利。设立秘密写票处应因地制宜、量力而行，可利用现有的房间，也可临时搭建一些写票间。据此可知，叶某所在村在选举村民委员会成员时，可以设置秘密投票站。

▶ 9. 如何罢免不称职的村干部

案例

某村村干部刘某、孙某、叶某等三人在某年元旦、春节期间，陆续邀请有关部门和企业人员吃过年饭，总共邀请 10 余次，近百人参加，共花费村集体公款 8.9 万元。这让当地村民很气愤，村民想知道应如何罢免这些村干部队伍中的"蛀虫"。

解析

《村民委员会组织法》第 16 条规定，本村 1/5 以上有选举权的村民或者 1/3 以上的村民代表联名，可以提出罢免村民委员会成员的要求，并说

明要求罢免的理由。罢免村民委员会成员,须有登记参加选举的村民过半数投票,并须经投票的村民过半数通过。据此可知,当地村民完全可以根据上述规定罢免本村的“蛀虫”村干部。

▶ 10. 什么是村民会议

案例

某村是城中村。村民高某有个亲戚在市里工作,听亲戚说,最近市里要有大动作,因为他们村农用地很少,村民的职业结构和生存方式已经向城市化转型,所以要将他们村纳入城市总体规划的建设范围内。这可是件大事,高某想在村里面开个大会讨论一下此事,他想知道如何召开村民会议。

解析

村民会议,是村民集体讨论决定涉及全村村民利益的一种组织形式,是村民实现直接民主的基本形式,是村民行使自治权利的根本途径。

《村民委员会组织法》第21条第1款规定,村民会议由本村18周岁以上的村民组成。

《村民委员会组织法》第21条第2款规定,村民会议由村民委员会召集。有1/10以上的村民或者1/3以上的村民代表提议,应当召集村民会议。

根据《村民委员会组织法》第24条第1款的规定,村民会议讨论决定的事项主要有以下9项:(1)本村享受误工补贴的人员及补贴标准;(2)从村集体经济所得收益的使用;(3)本村公益事业的兴办和筹资筹劳方案及建设承包方案;(4)土地承包经营方案;(5)村集体经济项目的立项、承包方案;(6)宅基地的使用方案;(7)征地补偿费的使用、分配方案;(8)以借贷、租赁或者其他方式处分村集体财产;(9)村民会议认为应当由村民会议讨论决定的涉及村民利益的其他事项。

高某可以根据上述规定，实现召开村民会议的想法。

▶ 11. 村里什么机构和理财有关系

案例

某村村民刘某是个“财迷”，平时过日子总是“抠抠搜搜”的，恨不得一枚硬币掰成两半花。最近老有一伙人来村里举办各种名目的理财讲座，甚至打着“你不理财，财不理你”的宣传口号，已经有部分村民被蛊惑，掏了钱买了一些不知所谓的理财产品，其实就是一堆合同纸，看不到任何所谓实体产品。刘某的儿子在村民委员会当会计，他叮嘱儿子：你们村民委员会可不能参与那些理财活动，不能把集体的钱给败光了。刘某的儿子对他老爹说：“放心吧，爹，我们有村务监督机构，这钱是不会乱花的。”村务监督机构跟理财有什么关系？

解析

村务监督机构，是村民在实行自治过程中依法实行民主监督的有效组织形式。实践中，村务监督机构有多种形式，主要有：(1)村务公开监督小组；(2)村民民主理财小组；(3)村务监督委员会；(4)村务监督小组。

根据《村民委员会组织法》第 32 条的规定，村务监督机构负责村民民主理财，监督村务公开等制度的落实。据此可知，只要有村务监督机构在，就可以让刘某等村民放心，村民委员会的钱是不会乱花的。

▶ 12. 村务档案很重要

案例

某村的村民委员会换届选举工作已经告一段落，新一届的村民委员会班子上任一年多了，但包括一些财务账目在内的村务档案一直没有移交,这让当地很多村民不满意,甚至人心惶惶。很多人担心,咱们村集体这么不清不楚,是不是已经流失了很多财产啊。村务档案包括什么内容呢?

解析

《村民委员会组织法》第34条规定,村务档案包括:选举文件和选票,会议记录,土地发包方案和承包合同,经济合同,集体财务账目,集体资产登记文件,公益设施基本资料,基本建设资料,宅基地使用方案,征地补偿费使用及分配方案等。村务档案应当真实、准确、完整、规范。据此可知,村务档案应保存完好,让村民更踏实地生活。

13. 受害村民可以通过法律途径撤销村民委员会或者其成员作出的侵害村民合法权益的决定

案例

某村进行城中村改造,要征收部分土地。村民王某、周某、郭某等人认为,村民委员会关于补偿方面的决定侵害了自己的利益,想维权。这几位村民可以通过什么途径维权呢?

解析

《村民委员会组织法》第36条第1款规定,村民委员会或者村民委员会成员作出的决定侵害村民合法权益的,受侵害的村民可以申请人民法院予以撤销,责任人依法承担法律责任。据此可知,农民权益受到法律保护,受害村民可以向当地人民法院起诉维权,通过法院撤销侵害自身权益的补偿决定。

（二）典型案例

案　例　一

案情

某村民委员会于近日举行村民选举，候选人共5人，其中包括张某和李某。为了让村民选自己，张某开价200元一张选票，李某开价300元一张选票。最后李某当选村民委员会主任。本村村民王某对这样的选举程序很是不满，李某平时经常以钱压人，在村里名声向来很差。王某想对李某提出罢免。李某却称王某为5年前的外来户，根本就不是本村村民，因此无权提出罢免。

案件结果

此次村民委员会选举无效。

解析

村民，是指具有我国国籍、长期在农村一定区域内居住和工作的农民。本村村民是指居住在本村、户籍也在本村并与本村发生土地使用关系的自然人。判断一个人是不是本村村民，主要看两个条件：一是居住关系，即看其是否居住在本村；二是土地关系，土地关系是具有本村村民资格的决定因素。具体来说，一个人一旦拥有了本村土地的使用权，就拥有了本村户籍，成为本村村民。

村民自治，是指村民自我管理、自我教育、自我服务、依法办理自己的事情。村民自治的主体是全体农村居民,而不是局限于某一阶层或某一行业的成员;自治的区域是村,即与农村居民生活联系十分紧密的社区;自治的内容为本村的公共事业和公益事业,即村务;自治的目的是使广大农村居民在本村范围内实现自我管理、自我教育和自我服务,处理好与村民利益密切相关的公共事务,保证国家对农村社会的有效治理。

本村村民必须满足以下两个条件才享有选举权与被选举权:(1)年满18周岁;(2)没有被剥夺政治权利。其他条件,如民族、种族、性别、职业、家庭出身、宗教信仰、教育程度、财产状况、居住期限等都不在限制范围之内。

《村民委员会组织法》第17条规定:以威胁、贿赂、伪造选票等不正当手段,妨害村民行使选举权、被选举权,破坏村民委员会选举的,村民有权向乡、民族乡、镇的人民代表大会和人民政府或者县级人民代表大会常务委员会和人民政府及其有关主管部门举报,由乡级或者县级人民政府负责调查并依法处理。以威胁、贿赂、伪造选票等不正当手段当选的,当选无效。

《村民委员会组织法》第16条规定,本村1/5以上有选举权的村民或者1/3以上的村民代表联名,可以提出罢免村民委员会成员的要求。应注意:(1)罢免要求应当提出罢免理由;(2)被提出罢免的村民委员会成员有权提出申辩意见;(3)村民委员会应当及时召开村民会议,投票表决罢免要求;(4)罢免村民委员会成员,须有登记参加选举的村民过半数投票,并须经投票的村民过半数通过。

结合本案,首先,李某以贿赂选票这种不正当手段当选,其当选应属无效。其次,如果王某对推选出来的村民委员会主任提出罢免,则应当取得本村1/5以上有选举权的村民联名或者1/3以上的村民代表联名,提出罢免要求,且罢免村民委员会成员必须有登记参加选举的村民过半数投票,并须经投票的村民过半数通过。除此之外,村民有权向乡、民族乡、镇的人民代表大会和人民政府或者县级人民代表大会常务委员会和人民政府及其有关主管部门举报。

案 例 二

案情

某村村党支部书记王某和村民委员会主任于某向来不和，于某称村党支部书记应该配合村民委员会工作，王某称村民委员会主任应服从村党支部的领导。两人经常因意见不同引起争执。村委会主任经常向上级反映要一人担任两职。另据某村民检举，于某在近期的村土地征用补偿费用管理上存在挪用公款的情况。

案件结果

于某被当地人民检察院依法提起公诉。

解析

村民委员会，是村民自我管理、自我教育、自我服务的基层群众性自治组织，不是国家基层政权组织，不是一级政府，也不是乡镇政府的派出机构。村民委员会的主要任务有：(1)办理本村的公共事业和公益事业，主要包括修桥铺路，兴办学校、养老院，整理本村周边环境等；(2)调解民间纠纷，如调解婚姻、继承、财产、宅基地、土地、山林等纠纷；(3)协助维护社会治安，向人民政府反映村民意见、要求和提出建议。

村党支部与村民委员会是领导与被领导的关系。村党支部是农村的基层组织，按照《中国共产党章程》工作，发挥领导核心作用；依照宪法和法律规定，支持和保障村民开展自治活动、直接行使民主权利。村党支部书记的产生根据是党章及《中国共产党农村基层组织工作条例》的有关规定，村民委员会主任的产生根据是《村民委员会组织法》。结合本案，只要不违反相关的规定，村党支部书记和村民委员会主任可以是同一个人。

从事下列行为的村民委员会等村基层组织人员,属于我国《刑法》第93条第2款规定的“其他依照法律从事公务的人员”:(1)救灾、抢险、防汛、优抚、扶贫、移民、救济款物的管理;(2)社会捐助公益事业款物的管理;(3)国有土地的经营和管理;(4)土地征用补偿费用的管理;(5)代征、代缴税款;(6)有关计划生育、户籍、征兵工作;(7)协助人民政府从事的其他行政管理工作。村民委员会等村基层组织人员利用职务上的便利,非法占有公共财物、挪用公款、索取他人财物或者非法收受他人财物,构成犯罪的,适用《刑法》贪污罪、受贿罪、挪用公款罪的规定。

本案中,村民检举村民委员会主任,能够拿出有力的证据证明于某在近期的村土地征用补偿费用管理上存在挪用公款的情况,经过检察院提起公诉,于某应当承担刑事责任。

案例三

案情

某村有村民210人,村民代表30人。眼看着上一次3年的土地承包期限就要到了。村里近40人对村里现有的承包经营方案有诸多不满,强烈建议村民委员会修改土地承包经营方案。村民委员会提前5天通知村民,由于村民未全部到齐,村民委员会未经村民会议充分讨论就决定维持原承包经营方案。两天过后,全村村民都得知原承包经营方案继续维持,于是向本村所在镇的镇人民政府的相关部门进行了投诉,村民对村民委员会忽视村民意愿,未经村民代表充分讨论就作出不利于村民的决定表示反对,并希望相关上级部门能主持公道。

案件结果

村民委员会维持原承包经营方案的决定无效。经过镇人民政府的督促和指导，村民会议重新举行，程序公正，村民的合法利益得到了保护。

解析

村民会议，是村民集体讨论决定涉及全村村民利益问题的一种组织形式，是村民行使自治权的根本途径和形式。村民会议由本村 18 周岁以上的村民组成。

根据《村民委员会组织法》第 21 ~ 22 条、第 24 条的规定，村民委员会向村民会议负责并报告工作。村民会议每年审议村民委员会的工作报告，并评议村民委员会的工作。村民会议由村民委员会召集。有 1/10 以上的村民或者 1/3 以上的村民代表提议，应当召集村民会议。召集村民会议，应当提前 10 天通知村民。召开村民会议，根据需要可以邀请驻本村的企业、事业单位和群众组织派代表列席。涉及村民利益的下列事项，经村民会议讨论决定方可办理：(1) 本村享受误工补贴的人员及补贴标准；(2) 从村集体经济所得收益的使用；(3) 本村公益事业的兴办和筹资筹劳方案及建设承包方案；(4) 土地承包经营方案；(5) 村集体经济项目的立项、承包方案；(6) 宅基地的使用方案；(7) 征地补偿费的使用、分配方案；(8) 以借贷、租赁或者其他方式处分村集体财产；(9) 村民会议认为应当由村民会议讨论决定的涉及村民利益的其他事项。

因此，土地承包经营方案应当由村民会议讨论并决定。

本案中，村民委员会提前 5 天通知村民，由于村民未全部到齐，村民委员会未经村民会议充分讨论就决定维持原承包经营方案，在时间上和会议讨论程序上都不符合法律规定；村民委员会更无权决定维持原承包经营方案。

案　例　四

案情

某村正在进行农村五保供养人员的数据统计,有以下几名人员在等待资格审查确定:小红,13 岁,孤儿,后被村主任收养;张奶奶,65 岁,无生活来源,整日靠卖废品为生,儿子和儿媳不履行赡养义务;于大爷,70 岁,独生女儿长期卧病在床,根本无赡养能力;丁师傅,55 岁,残疾人,不能正常工作,没有收入,有一女儿,为本村中学老师。

案件结果

小红、张奶奶在符合一定条件时能够享受到五保供养待遇,于大爷能享受到五保供养待遇,丁师傅不能享受五保供养待遇。

解析

农村五保供养,指的是依照法律的规定,在吃、穿、住、医、葬五个方面给予村民的生活照顾和物质帮助。

对于某村的农村五保供养人员的资格审查确定,应当遵循《农村五保供养工作条例》第 6 条的规定,即村民中的老年人、残疾人和未满 16 周岁的村民,符合以下任意一个条件即可享受农村五保供养待遇:一是无劳动能力、无生活来源又无法定赡养、抚养、扶养义务人的;二是无劳动能力、无生活来源且法定赡养、抚养、扶养义务人无赡养、抚养、扶养能力的。

本案中,小红,13 岁,未满 16 周岁,没有劳动能力。小红为孤儿,没有法定的抚养人。在村主任收养小红前,小红符合农村五保供养条件。在村主任收养小红后,分两种情况:如果村主任有足够的能力供养小红,小红就不能纳入五保供养对象范围;如果村主任没有抚养能力,小红仍可纳入五保供养对象范围。65 岁的张奶奶靠捡废品卖钱为生,基本没有劳动能力，没有生活来源，其儿子和儿媳作为其法定赡养人，应当履行赡养义务，其不履行赡养义务的行为是违反我国相关法律规定的。如果张奶奶的儿子确实经济困难，没有赡养张奶奶的能力，那么张奶奶就符合农村五保供养条件。于大爷，70 岁，本身年老无劳动能力，独生女儿又长期卧病在床，根本无赡养能力，他完全可以享受农村五保供养待遇。丁师傅，55 岁，残疾人，虽然本人没有经济收入，但他的女儿是本村中学老师，有经济来源，有一定的赡养能力，所以丁师傅不满足五保户的供养条件，不能享受五保户的供养待遇。

五保一般包括以下几个方面：(1)供给粮油、副食品和生活用燃料；(2)供给服装、被褥等生活用品和零用钱；(3)提供符合基本居住条件的住房；(4)提供疾病治疗，对生活不能自理的村民给予照料；(5)办理丧葬事宜。

五保供养一般采取两种方式：在当地的农村五保供养服务机构集中供养，或在家分散供养。针对在家分散供养的村民五保户，既可以由农村五保供养服务机构提供有关供养服务，也可以由村民委员会提供照料，还可以由村民委员会委托村民对分散供养的农村五保户提供照料。针对在当地的农村五保供养服务机构集中供养的村民五保户，具备条件的乡、民族乡、镇人民政府应当兴办敬老院，集中供养五保户。

案　例　五

案情

某村多年来有会计，但出纳由村民委员会主任兼任。收费支出全由村民委员会主任说了算，有些对不上账的，他打白条让会计下账。村民们对此很有意见，要求财务公开。村民委员会主任及会计编了个清单公布了财务。因为账目不实，村民们要查账，村民委员会主任说：“村民们无权查账，只有上级政府、法院认为我有罪了，才能查账；我没罪，你们还不相信我吗!”

案件结果

这位村民委员会主任的做法是违法的,应当依法承担相应责任。

解析

《村民委员会组织法》第30条规定,村民委员会实行村务公开制度。村民委员会应当及时公布下列事项,接受村民的监督:(1)本法第23条、第24条规定的由村民会议、村民代表会议讨论决定的事项及其实施情况;(2)国家计划生育政策的落实方案;(3)政府拨付和接受社会捐赠的救灾救助、补贴补助等资金、物资的管理使用情况;(4)村民委员会协助人民政府开展工作的情况;(5)涉及本村村民利益,村民普遍关心的其他事项。前款规定事项中,一般事项至少每季度公布一次;集体财务往来较多的,财务收支情况应当每月公布一次;涉及村民利益的重大事项应当随时公布。村民委员会应当保证所公布事项的真实性,并接受村民的查询。

《村民委员会组织法》第31条规定,村民委员会不及时公布应当公布的事项或者公布的事项不真实的,村民有权向乡、民族乡、镇的人民政府或者县级人民政府及其有关主管部门反映,有关人民政府或者主管部门应当负责调查核实,责令依法公布;经查证确有违法行为的,有关人员应当依法承担责任。

另外需要注意的是,村民委员会不是由主任一人说了算。根据《村民委员会组织法》第29条的规定,村民委员会应当实行少数服从多数的民主决策机制和公开透明的工作原则,建立健全各种工作制度。因而,村民委员会进行工作,应当坚持群众路线,充分发扬民主,认真听取不同的意见,坚持说服教育,不得强迫命令,不得打击报复。

《村民委员会组织法》第24条规定,涉及村民利益的下列事项,经村民会议讨论决定方可办理:(1)本村享受误工补贴的人员及补贴标准;

(2)从村集体经济所得收益的使用;(3)本村公益事业的兴办和筹资筹劳方案及建设承包方案;(4)土地承包经营方案;(5)村集体经济项目的立项、承包方案;(6)宅基地的使用方案;(7)征地补偿费的使用、分配方案;(8)以借贷、租赁或者其他方式处分村集体财产;(9)村民会议认为应当由村民会议讨论决定的涉及村民利益的其他事项。村民会议可以授权村民代表会议讨论决定前款规定的事项。可见,涉及全村村民利益的 9 项事项是不能由村民委员会讨论决定的,而必须提请村民会议讨论决定。

二、土地承包

(一)农村土地承包法律知识

1. 农村土地承包知多少

案例

某村女村民叶某经人介绍,与邻村的李某相识并结婚。婚后生育一子,并将该子户口落在李某村中。村民叶某的户口一直没有迁入李某的户籍中。现在该村开展第二轮土地承包,叶某有权利承包本村的土地吗?

解析

我国《农村土地承包法》第3条第2款规定,我国农村土地承包方式主要有两种:一般农村土地承包采取农村集体经济组织内部的家庭承包方式;不宜采取家庭承包方式的荒山、荒沟、荒丘、荒滩等农村土地,可以采取招标、拍卖、公开协商等方式承包。

《农村土地承包法》第19条规定,土地承包应当遵循以下原则:(1)按照规定统一组织承包时,本集体经济组织成员依法平等地行使承包土地的权利,也可以自愿放弃承包土地的权利;(2)民主协商,公平合理;(3)承包方案应当按照《农村土地承包法》第13条的规定,依法经本集体经济组织成员的村民会议2/3以上成员或者2/3以上村民代表的同意;(4)承包程序合法。据此可知,叶某的户口还留在本村,作为集体成员,有权承包本村的土地。

2. 在土地承包过程中,发包方和承包方的权利、义务分别是什么

案例

某村女村民叶某在该村第二轮承包土地中,经过和村民委员会确认后,她有权利承包该村的某块土地。知识有限的叶某,特别想知道在土地承包过程中,发包方和承包方都有什么权利、义务。

解析

《农村土地承包法》第 14 条规定,发包方享有下列权利:(1)发包本集体所有的或者国家所有依法由本集体使用的农村土地;(2)监督承包方依照承包合同约定的用途合理利用和保护土地;(3)制止承包方损害承包地和农业资源的行为;(4)法律、行政法规规定的其他权利。

《农村土地承包法》第 15 条规定,发包方承担下列义务:(1)维护承包方的土地承包经营权,不得非法变更、解除承包合同;(2)尊重承包方的生产经营自主权,不得干涉承包方依法进行正常的生产经营活动;(3)依照承包合同约定为承包方提供生产、技术、信息等服务;(4)执行县、乡(镇)土地利用总体规划,组织本集体经济组织内的农业基础设施建设;(5)法律、行政法规规定的其他义务。

《农村土地承包法》第 17 条规定,承包方享有下列权利:(1)依法享有承包地使用、收益的权利,有权自主组织生产经营和处置产品;(2)依法互换、转让土地承包经营权;(3)依法流转土地经营权;(4)承包地被依法征收、征用、占用的,有权依法获得相应的补偿;(5)法律、行政法规规定的其他权利。

《农村土地承包法》第 18 条规定,承包方承担下列义务:(1)维持土地的农业用途,未经依法批准不得用于非农建设;(2)依法保护和合理利

用土地,不得给土地造成永久性损害;(3)法律、行政法规规定的其他义务。

▶ 3. 土地承包合同的内容,要牢记

案例

某村女村民叶某,经过学习、沟通,了解了有关土地承包方面的权利、义务,但她也懂得最终还要落实到纸面上,所以土地承包合同非常重要。叶某的丈夫李某曾经在合同上吃过亏,所以二人很想知道土地承包合同一般包括什么条款。

解析

我国《农村土地承包法》第22条规定,发包方应当与承包方签订书面承包合同。承包合同一般包括以下条款:(1)发包方、承包方的名称,发包方负责人和承包方代表的姓名、住所;(2)承包土地的名称、坐落、面积、质量等级;(3)承包期限和起止日期;(4)承包土地的用途;(5)发包方和承包方的权利和义务;(6)违约责任。

《农村土地承包法》第23条规定,承包合同自成立之日起生效。承包方自承包合同生效时取得土地承包经营权。

本案中,叶某在签订土地承包合同时,一定要留意上述内容。

▶ 4. 土地承包经营权必须经登记才能取得吗

案例

某村女村民叶某在认真仔细阅读完土地承包合同后,如约与发包人签订了土地承包合同。但叶某听别的村民说,土地承包合同签订完还不行,还需要办理土地承包的登记,否则无效,是这样吗?

解析

《民法典》第333条规定,土地承包经营权自土地承包经营权合同生效时设立。登记机构应当向土地承包经营权人发放土地承包经营权证、林权证等证书,并登记造册,确认土地承包经营权。

据此可知,只要叶某签订的土地承包经营权合同生效,就取得了土地承包经营权。

5. 农村土地承包,妇女与男子的权利是否平等

案例

某村女村民叶某承包土地的事可谓一波三折,现在村里的年长者突然提出,叶某已经是外嫁女,虽然户口还在村里,但按照旧俗,女子嫁出后,就得随夫家,不能再承包本村的土地;要求叶某按照当地风俗,放弃本村的土地承包权。叶某到底有没有土地承包权?

解析

《农村土地承包法》第31条规定,承包期内,妇女结婚,在新居住地未取得承包地的,发包方不得收回其原承包地;妇女离婚或者丧偶,仍在原居住地生活或者不在原居住地生活但在新居住地未取得承包地的,发包方不得收回其原承包地。据此可知,农村土地承包,妇女与男子享有平等的权利。应当保护妇女的合法权益,任何组织和个人不得剥夺、侵害妇女应当享有的土地承包经营权。叶某享有土地承包权。

6. 未成年子女是否享有土地承包经营权

案例

某村村民刘某有一个6岁的儿子,正在上小学,符合国家计划生育政

策,但一直没有分到承包地。今年正逢该村调整部分承包地,刘某想知道他的儿子是否享有土地承包经营权?

解析

《农村土地承包法》第16条规定,家庭承包的承包方是本集体经济组织的农户。农户内家庭成员依法平等享有承包土地的各项权益。也就是说,农村集体经济组织的每一户农户家庭全体成员为一个生产经营单位,作为承包人承包农村集体所有的农业用地,本集体经济组织成员平等地享有承包权利。无论男女老少,凡是本集体经济组织的成员,都享有土地承包权。

刘某6岁的儿子属于未成年人,但只要是本集体经济组织的一员,就享有本集体经济组织经营、管理的土地的一份平等的承包经营权。

7. 两个村合并了,承包地怎么办

案例

某区里面有甲村和乙村,同属于城中村,因城市规划,需要对两个村进行合并规划。两个村的村民对合并倒是没什么意见,只是担心手里承包的土地有变化,所以想知道如果这两个村将来真的合并了,其承包的土地怎么办?

解析

《农村土地承包法》第28条第1款规定,承包期内,发包方不得调整承包地。《农村土地承包法》第25条规定,承包合同生效后,发包方不得因承办人或者负责人的变动而变更或者解除,也不得因集体经济组织的分立或者合并而变更或者解除。

《农村土地承包法》第28条第2款规定:如果在承包期内,出现自然灾害严重毁损承包地等特殊情况,对个别农户之间承包的耕地和草地需要适当调整的,必须经本集体经济组织成员的村民会议 2/3 以上成员或者 2/3 以上村民代表的同意,并报乡(镇)人民政府和县级人民政府农业农村、林业和草原等主管部门批准。承包合同中约定不得调整的,按照其约定。

可见,在承包期,就算两个村合并了,一般也不会变更土地承包合同。甲村和乙村的村民完全可以放心,踏实承包手里的土地。

▶ 8. 农转非,承包地还能留吗

案例

某村村民王某的儿子大学毕业后,落户在某城市。为了方便照顾父母,孝顺的王某儿子劝父母也落户到某城市,王某夫妇也同意儿子的观点。但有一点让他们担心的是,如果将来落户城市,他们手中承包的土地会被村集体收回吗?

解析

《农村土地承包法》第 27 条规定,承包期内,发包方不得收回承包地。国家保护进城农户的土地承包经营权。不得以退出土地承包经营权作为农户进城落户的条件。承包期内,承包农户进城落户的,引导支持其按照自愿有偿原则依法在本集体经济组织内转让土地承包经营权或者将承包地交回发包方,也可以鼓励其流转土地经营权。承包期内,承包方交回承包地或者发包方依法收回承包地时,承包方对其在承包地上投入而提高土地生产能力的,有权获得相应的补偿。据此可知,王某承包的土地,不会因为进城落户而被强制收回。

▶ 9. 土地流转合同的内容,要牢记

案例

某村村民王某急需用钱,手头几亩土地准备流转给同村的刘某。刘某说,都是乡里乡亲的,吃顿饭把事说明白了就行,但王某想,还是把流转的事记在纸上,白纸黑字比什么都强。土地流转合同,主要包括什么内容?

解析

《农村土地承包法》第40条规定,土地经营权流转,当事人双方应当签订书面流转合同。土地经营权流转合同一般包括以下条款:(1)双方当事人的姓名、住所;(2)流转土地的名称、坐落、面积、质量等级;(3)流转期限和起止日期;(4)流转土地的用途;(5)双方当事人的权利和义务;(6)流转价款及支付方式;(7)土地被依法征收、征用、占用时有关补偿费的归属;(8)违约责任。承包方将土地交由他人代耕不超过1年的,可以不签订书面合同。

土地承包经营权凡采取转让方式流转的,应当经发包方(村集体经济组织)同意;采取转包、租赁、互换或者其他方式流转的,应当报发包方备案。土地流转合同要经过乡镇农村经营管理部门鉴证。有条件的经双方同意,可由公证机关进行公证。

本案中,王某的担心很合理,毕竟落实在纸面上更令人放心。王某应当注意土地流转合同的上述内容。

▶ 10. 因土地承包经营发生纠纷的,必须先申请仲裁吗

案例

某村村民郭某承包了一块土地,由于外出务工,交由同村村民王某代

耕,并由王某代为缴纳相关税费。时间过得很快,一晃10年过去了,该村村民委员会未经郭某同意就将这块承包地调整给王某,郭某对此决定不服,他想知道这件事是不是必须先经过仲裁处理?

解析

《农村土地承包法》第55条规定,因土地承包经营发生纠纷的,双方当事人既可以通过协商解决,也可以请求村民委员会、乡(镇)人民政府等调解解决。当事人不愿协商、调解或者协商、调解不成的,既可以向农村土地承包仲裁机构申请仲裁,也可以直接向人民法院起诉。

当事人对农村土地承包仲裁机构的仲裁裁决不服的,可以在收到裁决书之日起30日内向人民法院起诉。逾期不起诉的,裁决书即发生法律效力。

本案中,郭某可以自主决定,是先仲裁再去法院起诉解决,还是不经过仲裁,直接去法院起诉解决。

11. 林地的承包期有多长

案例

某村有一块林地,土地比较贫瘠,一般人都不愿意承包。后来大学毕业回村创业的李某相中了这块地,据说可以通过技术手段在地上种上红杉树。李某想知道林地的承包期有多长时间,毕竟他要收回成本并获得回报。

解析

我国《农村土地承包法》第21条规定,耕地的承包期为30年,草地的承包期为30年至50年,林地的承包期为30年至70年;前款规定的耕地承包期届满后再延长30年,草地、林地承包期届满后依照前款规定相应延长。据此可知,林地的承包期限,需要李某和发包人在30年至70年之间协商确定。

▶ 12. 因林木所有权和林地使用权发生争议,由谁负责处理

案例

某村村民赵某承包了一块林地,因外出探亲,一时间没顾得上。听村里的一个朋友说,同村的王某竟然在自家承包的林地上抢种毛竹苗,并且与村民委员会沟通后,村民委员会以赵某离异,配偶和子女户口已迁出某村为由,认可了王某的行为,且让赵某放弃此事。赵某想找地方说理,不知道该交由谁处理。

解析

我国《森林法》第22条规定:单位之间发生的林木、林地所有权和使用权争议,由县级以上人民政府依法处理。个人之间、个人与单位之间发生的林木所有权和林地使用权争议,由乡镇人民政府或者县级以上人民政府依法处理。当事人对人民政府的处理决定不服的,可以自接到通知之日起30日内,向人民法院起诉。在林木、林地权属争议解决前,除因森林防火、林业有害生物防治、国家重大基础设施建设等需要外,当事人任何一方不得砍伐有争议的林木或者改变林地现状。

据此可知,赵某承包的林地,在发生争议之时,可以申请县级以上政府处理。

▶ 13. 林木采伐许可证必不可少

案例

某村村民委员会要对其林场内某品类的树木进行采伐,并对本次采伐进行公开招标。中标后的岳某跟村民委员会约定,采伐许可证由岳某

自己办理,岳某另需要向村民委员会支付 20,000 元,树木归岳某所有。但岳某为了降低成本,在未办理采伐许可证的情况下擅自伐木 30 立方米。岳某的行为是否违法?

解析

我国《森林法》第 56 条规定:采伐林地上的林木应当申请采伐许可证,并按照采伐许可证的规定进行采伐;采伐自然保护区以外的竹林,不需要申请采伐许可证,但应当符合林木采伐技术规程。农村居民采伐自留地和房前屋后个人所有的零星林木,不需要申请采伐许可证。非林地上的农田防护林、防风固沙林、护路林、护岸护堤林和城镇林木等的更新采伐,由有关主管部门按照有关规定管理。采挖移植林木按照采伐林木管理。具体办法由国务院林业主管部门制定。禁止伪造、变造、买卖、租借采伐许可证。

据此可知,未办理采伐许可证擅自采伐行为是违法的。岳某的行为违法。

▶ 14. 盗伐森林,后果很严重

案例

某村村民郭某,以邻村村民委员会的某块林地上的树木应当归自己为由,在未向当地林业部门申请采伐许可证的情况下,以非法占有为目的,擅自采伐 15 立方米,其行为既侵犯邻村村民委员会的权益,也破坏了生态平衡。郭某可能受到什么处罚?

解析

我国《森林法》第 76 条第 1 款规定,盗伐林木的,由县级以上人民政府林业主管部门责令限期在原地或者异地补种盗伐株数 1 倍以上 5 倍以下的树木，并处盗伐林木价值 5 倍以上 10 倍以下的罚款。据此可知，盗伐森林属于违法行为。郭某盗伐森林，应当由执法部门责令其补种，并处以罚款。

▶ 15. 滥伐森林或者其他林木如何处罚

案例

某村村民吴某在未办理采伐许可证的情况下，雇用李某、刘某采伐杉木、松木 11 立方米，之后又雇用王某采伐硬杂木烧制木炭。被制成木炭的硬杂木后折合为 12 立方米。吴某滥伐林木的行为，将受到何种处罚？

解析

我国《森林法》第 76 条第 2 款规定，滥伐林木的，由县级以上人民政府林业主管部门责令限期在原地或者异地补种滥伐株数 1 倍以上 3 倍以下的树木，可以处滥伐林木价值 3 倍以上 5 倍以下的罚款。据此可知，滥伐林木属于违法行为，吴某将面临执法部门的处罚。

▶ 16. 运输木材须有证

案例

某村村民陈某未经许可，擅自驾驶自家货车，从甲县装载杂木一车，准备运往乙县，在运输过程中，被乙县林业执法部门查获，经执法部门现场查验，得出共计 9.2 立方米的原杂木的结果，且该批木材无木材运输证。陈某应受何种处罚？

解析

我国《森林法实施条例》第 44 条规定，无木材运输证运输木材的，由县级以上人民政府林业主管部门没收非法运输的木材，对货主可以并处非法运输木材价款30%以下的罚款。运输的木材数量超出木材运输证所准运的运输数量的,由县级以上人民政府林业主管部门没收超出部分的木材;运输的木材树种、材种、规格与木材运输证规定不符又无正当理由的,没收其不相符部分的木材。使用伪造、涂改的木材运输证运输木材的,由县级以上人民政府林业主管部门没收非法运输的木材,并处没收木材价款10%至50%的罚款。承运无木材运输证的木材的,由县级以上人民政府林业主管部门没收运费,并处运费1倍至3倍的罚款。

据此可知,无证运输木材属于违法行为。陈某将被没收运费,并处运费1倍至3倍的罚款。

▶ 17. 擅自将防护林和特种用途林改变为其他林种,如何处罚

案例

某村林场经过数十年几辈人的努力,建成为当地有名的防沙林,使荒丘变成绿洲。后林场领导换届,新上任的领导班子竟然下令给防护林"剃头",将一部分面积的防护林改种了葡萄树等经济作物。针对这种行为,相关责任人会面临何种处罚?

解析

我国《森林法实施条例》第46条规定,违反本条例规定,未经批准,擅自将防护林和特种用途林改变为其他林种的,由县级以上人民政府林业主管部门收回经营者所获取的森林生态效益补偿,并处所获取森林生态效益补偿3倍以下的罚款。据此可知,擅自改变防沙林改种葡萄树等是违法行为,将被收回森林生态效益补偿款,并处罚款。

▶ 18. 擅自改变林地用途如何处罚

案例

某村村民刘某、吴某、周某准备开一间砖窑厂，为了选取合适的厂址，打起了某林地的主意。该林地地处村落边缘，平时没什么人来往，刘某等三人承包之后，擅自将林地改造成砖窑厂。这种行为，会面临何种处罚？

解析

我国《森林法实施条例》第43条第1款规定，未经县级以上人民政府林业主管部门审核同意，擅自改变林地用途的，由县级以上人民政府林业主管部门责令限期恢复原状，并处非法改变用途林地每平方米10元至30元的罚款。据此可知，擅自改变林地用途是违法行为。刘某等三人要面临被责令恢复原状且处非法改变用途林地每平方米10元至30元的罚款。

▶ 19. 擅自移动或者毁坏林业服务标志，如何处罚

案例

某村村民叶某在业余时间很喜欢设计。正好赶上当地林业部门征集新版林业服务标志的Logo设计方案，叶某经过近1个月的努力，将自己精心设计的一款林业服务标志Logo交到当地林业部门。可半个月后公布结果的时候，却是另一款Logo被林业部门采用，并颁发了奖金。叶某非常不服气，等林业部门悬挂林业服务标志之后，某晚，叶某用农具将其破坏。后调取监控，发现是叶某所为。叶某这种行为，会受到何种处罚？

解析

我国《森林法实施条例》第45条规定，擅自移动或者毁坏林业服务标志的，由县级以上人民政府林业主管部门责令限期恢复原状；逾期不恢

复原状的,由县级以上人民政府林业主管部门代为恢复,所需费用由违法者支付。

林业服务标志不仅体现林业生态多样性的特征,还对不同品种的林木和土壤进行了标识,所以在林木管理过程中发挥了重要作用。叶某擅自破坏林业服务标志的行为违法,视情况不同,执法部门可以责令其限期恢复原状;如果叶某对此置之不理,也可由执法部门代为恢复,所需费用由叶某支付。

▶ 20. 村民非法捕猎、猎杀,有哪些法律后果

案例

某村村民很喜欢在夜间去吃大排档,当地的大排档还提供加工的服务。村民刘某、陈某、黄某寻思,来点野味助助兴,相约打麻雀当下酒菜。当三人打到30多只的时候,被路过的巡逻民警抓到。三人的行为会有哪些法律后果?

解析

我国《野生动物保护法》第45条和第46条规定,在相关自然保护区域、禁猎(渔)区、禁猎(渔)期猎捕国家重点保护野生动物,未取得特许猎捕证、未按照特许猎捕证规定猎捕、杀害国家重点保护野生动物,或者使用禁用的工具、方法猎捕国家重点保护野生动物的,由县级以上人民政府野生动物保护主管部门、海洋执法部门或者有关保护区域管理机构按照职责分工没收猎获物、猎捕工具和违法所得,吊销特许猎捕证,并处猎获物价值2倍以上10倍以下的罚款;没有猎获物的,并处10,000元以上50,000元以下的罚款;构成犯罪的,依法追究刑事责任。在相关自然保护区域、禁猎(渔)区、禁猎(渔)期猎捕非国家重点保护野生动物,未取得狩猎证、未按照狩猎证规定猎捕非国家重点保护野生动物,或者使用禁用

的工具、方法猎捕非国家重点保护野生动物的，由县级以上地方人民政府野生动物保护主管部门或者有关保护区域管理机构按照职责分工没收猎获物、猎捕工具和违法所得，吊销狩猎证，并处猎获物价值1倍以上5倍以下的罚款；没有猎获物的，并处2000元以上10,000元以下的罚款；构成犯罪的，依法追究刑事责任。

我国《陆生野生动物保护实施条例》第36条规定，违反野生动物保护法规，出售、收购、运输、携带国家或者地方重点保护野生动物或者其产品的，由工商行政管理部门或者其授权的野生动物行政主管部门没收实物和违法所得，可以并处相当于实物价值10倍以下的罚款。

我国《刑法》第341条第2款规定，违反狩猎法规，在禁猎区、禁猎期或者使用禁用的工具、方法进行狩猎，破坏野生动物资源，情节严重的，处3年以下有期徒刑、拘役、管制或者罚金。本案中，村民刘某等三人已经涉嫌犯罪，应依法追究刑事责任。

▶ 21. 承包草原需要注意的事项

案例

某村村民吴某很喜欢听歌，有一首歌是这么唱的："爱上一匹野马，可我的家里没有草原，这让我感到绝望。"吴某为了创收，也想承包草原。村民承包草原需要注意什么事项呢？

解析

我国《草原法》第13条第1款规定，集体所有的草原或者依法确定给集体经济组织使用的国家所有的草原，可以由本集体经济组织内的家庭或者联户承包经营。

《草原法》第14条规定："承包经营草原，发包方和承包方应当签订书面合同。草原承包合同的内容应当包括双方的权利和义务、承包草原四至界限、面积和等级、承包期和起止日期、承包草原用途和违约责任等。承包期届满,原承包经营者在同等条件下享有优先承包权。承包经营草原的单位和个人,应当履行保护、建设和按照承包合同约定的用途合理利用草原的义务。”

吴某在承包草原的时候,一定要认真仔细阅读合同,明白己方与发包方的权利义务,且在承包过程中,合理利用草原。

22. 在草原承包经营期内可以调整经营权吗

案例

某村村民吴某以家庭为单位承包一片草原,共计26,229.12亩,同时签订了草原年承包合同,承包期限30年。同年,当地政府为吴某一家办理草原使用证,并附上草原承包勘测登记表。该登记表载明草场面积以及拐点坐标。后因政策原因,需要对吴某承包的草原进行调整。吴某想知道,当地政府可以调整他家承包的草原吗?

解析

我国《草原法》第13条第2款规定,在草原承包经营期内,不得对承包经营者使用的草原进行调整;个别确需适当调整的,必须经本集体经济组织成员的村(牧)民会议2/3以上成员或者2/3以上村(牧)民代表的同意,并报乡(镇)人民政府和县级人民政府草原行政主管部门批准。据此可知,符合法定条件,才可以调整草原承包内容。如果因为政策原因,确需调整,则可以调整。但也不是随意就能调整,还需要经过其集体经济组织成员的村(牧)民会议2/3以上成员或者2/3以上村(牧)民代表的同意。此外,即使村集体的程序通过了,也得报当地政府草原行政主管部门审批。

▶ 23. 对草原所有权、使用权有争议怎么办

案例

某村村民吴某承包草原后，畜牧业搞得很红火，难免有人妒忌眼红。有人举报，吴某实际占用和使用的面积远远超过草原使用证上的面积，且已经侵占了邻近草原。吴某和邻近草原承包人高某闹得不可开交，双方都想知道如何处理争议。

解析

我国《草原法》第16条规定：草原所有权、使用权的争议，由当事人协商解决；协商不成的，由有关人民政府处理。单位之间的争议，由县级以上人民政府处理；个人之间、个人与单位之间的争议，由乡(镇)人民政府或者县级以上人民政府处理。当事人对有关人民政府的处理决定不服的，可以依法向人民法院起诉。在草原权属争议解决前，任何一方不得改变草原利用现状，不得破坏草原和草原上的设施。

据此可知，草原承包纠纷需要依法解决。如果吴某和高某关于草原承包的事情产生了争议，那么在双方协商不一致的情况下，可以申请政府处理；其中一方或者双方对政府处理不满意的，还可以向法院起诉，通过司法途径解决。

▶ 24. 可以承包邻村的草原吗

案例

某村村民刘某看了很多创业的文章，觉得身边可以使用的资源，就是邻村的草原，他也想模仿那些短视频里的样子，承包一片草原，然后发短视频火一把。他可以承包邻村的草原吗？

解析

我国《草原法》第13条第3款规定,集体所有的草原或者依法确定给集体经济组织使用的国家所有的草原由本集体经济组织以外的单位或者个人承包经营的,必须经本集体经济组织成员的村(牧)民会议2/3以上成员或者2/3以上村(牧)民代表的同意,并报乡(镇)人民政府批准。据此可知,只有经邻村集体经济组织成员的村(牧)民会议2/3以上成员或者2/3以上村(牧)民代表的同意,并报乡(镇)人民政府批准之后,刘某才可以承包该草原。

▶ 25. 村里的草原因建设征收、征用,该如何补偿

案例

某村村民刘某承包草原以后,一如所愿地在上面经营畜牧业,也用镜头拍摄了三农类的短视频;通过短视频他所推荐的畜牧业的农产品销量很火,甚至成为某平台三农类短视频的佼佼者。可某天接到通知,当地政府要征用他所承包的草原。刘某手里的草原承包合同上面载明:在本合同项下草原有偿承包期限内,如遇国家建设需要征用草原的,发包方将会同有关部门对承包方的治理开发成果进行评估,按照有关规定给予经济补偿。刘某可以获得何种补偿呢?

解析

征用被承包的草原,需要给予补偿。根据我国《草原法》第39条第1款的规定,因建设征用集体所有的草原的,应当依照《土地管理法》的规定给予补偿;因建设使用国家所有的草原的,应当依照国务院有关规定对草原承包经营者给予补偿。实践中,如果政府征用承包的草原,一般都要看承包合同中是否有关于草原征用的约定。本案中,刘某手里的土地承包合同就有关于征用后,需要根据评估结果给予补偿的约定。刘某应当

依据此合同,向政府索要评估报告,依据有关征用的规定,获得补偿。

▶ 26. 不可非法转让草原

案例

"诗和远方"一直是在写字楼上班的白领王某所向往的生活,最近他通过网络广告看到一则令他心动的内容:"只要十万元就可以拥有一片草原,可以任意在里面撒欢。"但当他驱车前往广告中所指向的草原的时候,发现已经停了很多辆警车,通过打听才知道,当地村民为了营利,竟然打起了非法转让草原的主意,现在已经被警方立案。这些不法村民将会受到何种处罚?

解析

我国《草原法》第 64 条规定,买卖或者以其他形式非法转让草原,构成犯罪的,依法追究刑事责任;尚不够刑事处罚的,由县级以上人民政府草原行政主管部门依据职权责令限期改正,没收违法所得,并处违法所得 1 倍以上 5 倍以下的罚款。据此可知,私自转让草原是违法行为。违法行为人,已经被警方立案,说明已经涉嫌犯罪,很有可能被判处刑事处罚。

▶ 27. 非法使用草原该如何处罚

案例

某村村民江某明知甲村和乙村的草原属于集体所有,本人无使用权,在未办理任何手续的情况下,将该草原出资,与他人合伙建设酒店等娱乐场所,造成 22.12 亩草原被毁损。江某等人的行为将会面临何种处罚?

解析

根据我国《草原法》第 65 条的规定,未经批准或者采取欺骗手段骗取批准,非法使用草原,构成犯罪的,依法追究刑事责任;尚不够刑事处罚的,由县级以上人民政府草原行政主管部门依据职权责令退还非法使用的草原,对违反草原保护、建设、利用规划擅自将草原改为建设用地的,限期拆除在非法使用的草原上新建的建筑物和其他设施,恢复草原植被,并处草原被非法使用前3年平均产值6倍以上12倍以下的罚款。据此可知,非法使用草原是违法行为。江某等人的行为,应先由公安部门查处;如果不构成刑事犯罪,再由当地草原行政主管部门依据上述规定进行查处。

▶ *28*. 非法开垦草原该如何处罚

案例

某村村民郭某,系某畜牧局畜牧场的临时工,于2020年11月,未经任何主管部门批准,擅自使用自家的机动车,非法开垦国有草原21.72亩,用于种植农作物。后经人举报,案发。郭某会受到何种处罚?

解析

我国《草原法》第66条规定,非法开垦草原,构成犯罪的,依法追究刑事责任;尚不够刑事处罚的,由县级以上人民政府草原行政主管部门依据职权责令停止违法行为,限期恢复植被,没收非法财物和违法所得,并处违法所得1倍以上5倍以下的罚款;没有违法所得的,并处5万元以下的罚款;给草原所有者或者使用者造成损失的,依法承担赔偿责任。据此可知,非法开垦草原是违法行为。郭某的行为,如果经公安机关调查不够刑事处罚,应当由当地草原行政主管部门依据上述规定,对其进行查处。

▶ 29. 草原上的土石不可随便采挖

案例

某村村民周某、叶某、孙某,见砂石料在市场上很火爆,就动起了歪脑筋,在隔壁村的草原上,干起了非法采砂的勾当。在一次采砂的过程中,被巡逻的执法人员查获。周某等三人会受到何种处罚?

解析

我国《草原法》第 68 条规定,未经批准或者未按照规定的时间、区域和采挖方式在草原上进行采土、采砂、采石等活动的,由县级人民政府草原行政主管部门责令停止违法行为,限期恢复植被,没收非法财物和违法所得,可以并处违法所得 1 倍以上 2 倍以下的罚款;没有违法所得的,可以并处 2 万元以下的罚款;给草原所有者或者使用者造成损失的,依法承担赔偿责任。据此可知,非法在草原上采砂是违法行为,周某等三人应当被当地草原行政主管部门依据上述规定给予行政处罚。

(二)典型案例

案　例　一

案情

2020年12月15日,某村村民王某与该村村民委员会签订的土地承包合同期满。该村于2020年12月20日召开了村民代表大会会议,会议记载:按照规定交清所欠承包款项的方可承包。2021年1月5日,在该村进行第二轮土地承包过程中,该村村民委员会以王某尚结欠村民委员会承包款项为由,未发包给王某土地,且当地政府也认可村民委员会的做法。王某与该村村民委员会交涉无果,遂于2021年1月11日提起民事诉讼,要求判令其与该村村民委员会签订土地承包合同,立即向其发包11.22亩耕地。

案件结果

驳回原告王某的诉讼请求。

解析

《民法典》第2条规定:"民法调整平等主体的自然人、法人和非法人组织之间的人身关系和财产关系。"本案中,农村集体经济组织成员王某与村集体经济组织也就是村民委员会在依法签订土地承包合同之前,二者之间的土地承包关系尚未建立,诉讼请求中提出的承包经营权尚未取得。在案例描述的这种情况下,村民王某向当地人民法院提起土地承包经营权取得之诉，因原告王某与被告村民委员会之间的关系未通过土地承包合同建立，所以不是平等民事主体之间的关系，本案争议因此不属于人民法院主管民事案件的范围。

此外，如果王某认为，当地政府侵犯其土地承包经营权，可以根据《农村土地承包法》第 65 条“国家机关及其工作人员有利用职权干涉农村土地承包经营，变更、解除承包经营合同，干涉承包经营当事人依法享有的生产经营自主权，强迫、阻碍承包经营当事人进行土地承包经营权互换、转让或者土地经营权流转等侵害土地承包经营权、土地经营权的行为，给承包经营当事人造成损失的，应当承担损害赔偿等责任；情节严重的，由上级机关或者所在单位给予直接责任人员处分；构成犯罪的，依法追究刑事责任”的规定，向人民法院提起行政诉讼，要求当地政府承担损害赔偿等责任。

案　例　二

案情

某村村民高某曾承包村里的几亩耕地，2019 年 2 月，该承包土地的承包期限届满。此时高某的父亲已经病入膏肓，没心思种地的高某每天都陪在父亲身边。父亲知道高某本不想一辈子待在农村种地，但作为农民，有一块土地在手里，总会心里踏实一些，于是在临终前嘱咐高某在马上开展的新一轮土地承包活动中，一定要接着承包土地。父亲去世后，高某谨遵遗愿，又承包这块土地，与村民委员会在 2019 年 4 月签订了土地承包合同。不久，高某没心思待在农村，在未取得土地的情况下，就外出务工。一年后，高某终于认识到土地对一个农民的重要性，遂结束打工生涯，回村里种地，做一个地地道道的农民。但 2020 年 4 月回村后，高某向村民委员会索要土地承包合同项下的土地，却被村民委员会拒绝。高某不服，向当地法院提起了民事诉讼。

案件结果

一审法院认为,高某始终未实际获得承包合同项下的土地,根据最高人民法院《关于审理涉及农村土地承包纠纷案件适用法律问题的解释》第1条第2款的规定,裁定驳回起诉。高某不服一审判决上诉,二审法院认为,高某与村民委员会签订的合同有效,裁定撤销一审裁定,指令一审法院审理。

解析

本案中的土地承包经营权,自高某和村民委员会在新一轮签订的土地承包经营权合同生效时即已经设立。我国《农村土地承包法》第55条规定:"因土地承包经营发生纠纷的,双方当事人可以通过协商解决,也可以请求村民委员会、乡(镇)人民政府等调解解决。当事人不愿协商、调解或者协商、调解不成的,可以向农村土地承包仲裁机构申请仲裁,也可以直接向人民法院起诉。"所以,农村集体经济组织成员高某因未取得该合同项下的承包土地与农村集体经济组织之间发生的纠纷,属于平等主体之间的民事纠纷,一审人民法院应当受理该民事案件,并仔细研判,而不能简单地裁定驳回。

案例三

案情

某村村民赵某曾在2016年6月,与村民委员会签订土地承包合同,承包7.2亩土地。2019年5月,在外地务工的女儿结婚生子,女儿让其过去帮忙照顾外孙。赵某没心思种地,便将土地通过转包合同,流转给了村民李某。李某按合同约定每年向赵某支付流转费2000元和口粮5000斤。2019年11月6日,当地政府下发征收文件,赵某的这块土地被纳入征收范围。2019 年 12 月 10 日，村民委员会决定将征地补偿款 20 万元支付给李某。收到信儿的赵某认为这笔钱应该属于自己，与李某协商无果后，遂起诉至人民法院。

案件结果

一审法院认为，本案中的土地承包权已经被转包，李某无法继续转包土地，所以应当认定为被征地农户，酌定按照 3∶7 的比例进行分配，赵某取得 6 万元，李某取得 14 万元。赵某不服一审判决上诉，二审法院认定，虽然土地已转包，但是本案中的土地承包经营权没有转移，遂判决撤销一审判决，20 万元全部归赵某。

解析

我国《农村土地承包法》第 44 条规定，承包方流转土地经营权的，其与发包方的承包关系不变。本案中，赵某的土地承包经营权通过转包合同流转到李某手里，但土地承包经营权实际没有发生转移。承包的土地在被当地政府依法征收后，应当认定土地承包经营权人赵某为“被征地农户”，进而获得所有补偿款 20 万元。

案 例 四

案情

某村村民孙某与村民委员会在 2016 年 6 月 8 日签订土地承包合同，承包土地 9.2 亩。2018 年 7 月 8 日，孙某患病住院，一个月后出院。孙某感觉身体大不如前，认为自己无力耕种 9.2 亩土地，于是在 2018 年 12 月 12 日，与同村村民郑某签订转让协议，将其中的 4.2 亩土地转让给郑某，同日村民委员会也在转让协议上盖了公章。2019 年 6 月，这 9.2 亩土地被当地政府征收，郑某领取了 4.2 亩份额的补偿款。孙某对此事不服，认为郑某并未与村民委员会签订土地承包合同,这4.2亩份额的补偿款应当是属于自己的,在与郑某协商无果情况下,起诉至人民法院。

案件结果

一审法院认为,虽然孙某与郑某签订了书面的转让协议,但实际上并未与该村村民委员会签订土地承包合同,且土地仍然登记在孙某名下,判决郑某向孙某归还4.2亩份额的土地补偿款。郑某不服一审判决,上诉至二审法院。二审法院认定,该转让行为有效,郑某已经与村民委员会形成新的土地承包关系,遂判决撤销一审判决,依法驳回孙某的诉讼请求。

解析

我国《农村土地承包法》第34条规定,经发包方同意,承包方可以将全部或者部分的土地承包经营权转让给本集体经济组织的其他农户,由该农户同发包方确立新的承包关系,原承包方与发包方在该土地上的承包关系即行终止。本案中,孙某的农村土地承包经营权中部分份额依法转让后,原承包人孙某即退出该部分的承包关系,受让方郑某与发包人村民委员会形成新的承包关系,当土地承包经营权的权利主体发生变更之时,受让方郑某成为新的土地承包经营权人。土地被征收后,受让方郑某有权获得相应份额的土地补偿款。

案 例 五

案情

某村有块土地属于行洪河滩,由于历史原因,属于国家所有,但政府委托某村村民委员会代为管理。当地村民吴某很有经济头脑,认为这是一块“风水宝地”,在上面大有作为,不仅可以种植林木,还能开养鱼坑养鱼。于是,他与村民委员会签订土地承包合同,承包期限30年。该合同

第 7 条规定，原有林木由吴某负责看护，不得随意砍伐，如果在上面新种植林木，则按照村民委员会和张某四六比例分成；第 8 条还约定在承包期限内，如果遇见国家征收或者政策变化不能继续承包的，造成吴某损失的补偿费归吴某。在吴某承包的第 17 个年头，也就是 2020 年 1 月，政府发布收回公告，政府向村民委员会支付土地补偿费 800,262 元，地上物补偿费 121,876 元。该村村民委员会将地上物的补偿费用支付给吴某，认为土地补偿费应当归村民委员会所有。吴某认为村民委员会说得不对，双方发生争议，协商无果后，吴某起诉至法院。

案件结果

一审法院判决支付土地补偿费的 50% 归吴某。吴某及村民委员会均不服上诉，二审法院认为，根据《土地管理法》的规定，认为村民委员会与吴某签订的合同第 8 条无效；判决撤销一审判决，驳回吴某的诉讼请求。吴某申请再审，再审法院撤销二审判决，维持一审判决。

解析

我国《土地管理法》第 58 条规定，有下列情形之一的，由有关人民政府自然资源主管部门报经原批准用地的人民政府或者有批准权的人民政府批准，可以收回国有土地使用权：(1) 为实施城市规划进行旧城区改建以及其他公共利益需要，确需使用土地的；(2) 土地出让等有偿使用合同约定的使用期限届满，土地使用者未申请续期或者申请续期未获批准的；(3) 因单位撤销、迁移等原因，停止使用原划拨的国有土地的；(4) 公路、铁路、机场、矿场等经核准报废的。依照前款第 1 项的规定收回国有土地使用权的，对土地使用权人应当给予适当补偿。

本案中，当国家收回农民吴某承包使用的土地时，该土地补偿费应当支付给村民委员会和吴某。

三、生产经营

(一)农民生产经营法律知识

▶ 1. 如何鉴别假种子和劣种子

案例

某村村民陈某在未取得种子备案证的情况下,分别在甲乡、乙镇、丙乡、丁镇四地销售无标签的"N 粒红"花生种子。据统计,共计销售花生种子 2000 余千克,经过当地执法部门鉴定,为假冒其他品牌的假花生种子,给受害人造成 40,000 余元的损失。

解析

我国《种子法》第 49 条规定,禁止生产经营假、劣种子。农业、林业主管部门和有关部门依法打击生产经营假、劣种子的违法行为,保护农民合法权益,维护公平竞争的市场秩序。下列种子为假种子:(1)以非种子冒充种子或者以此种品种种子冒充其他品种种子的;(2)种子种类、品种与标签标注的内容不符或者没有标签的。下列种子为劣种子:(1)质量低于国家规定标准的;(2)质量低于标签标注指标的;(3)带有国家规定的检疫性有害生物的。

销售假种子是违法行为;陈某"以此种品种种子冒充其他品种种子"的售假行为,严重侵害了农民合法权益,扰乱了市场秩序。

2. 他人能干预农民买种子吗

案例

某村正在调整村里的土地承包面积,据说,凡是要承包新一轮土地的农民,必须去村民委员会指定的生产厂家购买种子;否则,无论是面积还是承包费用方面,均有限制,甚至会被村民委员会直接拒绝承包土地。该村民委员会的做法合法吗?

解析

我国《种子法》第44条规定,种子使用者有权按照自己的意愿购买种子,任何单位和个人不得非法干预。第90条规定,违反本法第44条规定,强迫种子使用者违背自己的意愿购买、使用种子,给使用者造成损失的,应当承担赔偿责任。

本案中,干预村民买种子的行为是违法的。当地村民委员会要求农民承包土地必须购买指定种子的做法,属于强迫农民买种子的行为,是不合法的;一旦给当地农民造成损失,还应当承担赔偿责任。

3. 种子有质量问题找谁赔

案例

某村村民直到春耕都还未操持春耕的事。记者经过调查发现,原来是该村村民一年前购买和使用了某公司的劣质种子,导致减产严重,亏损非常大。农民们的情绪异常激动,也没心思在新一年里种地,都在想着维权的事。在这种情况下,农民可以怎么维权呢?

解析

我国《种子法》第46条规定,种子使用者因种子质量问题或者因种子的标签和使用说明标注的内容不真实,遭受损失的,种子使用者既可以向出售种子的经营者要求赔偿,也可以向种子生产者或者其他经营者要求赔偿。赔偿额包括购种价款、可得利益损失和其他损失。属于种子生产者或者其他经营者责任的,出售种子的经营者赔偿后,有权向种子生产者或者其他经营者追偿;属于出售种子的经营者责任的,种子生产者或者其他经营者赔偿后,有权向出售种子的经营者追偿。

据此可知,向村民销售劣质种子的行为是违法的。买到劣质种子并受到减产损害的村民,可以依法向种子的销售者和生产者提出赔偿要求,损失包括种子的购买价款以及可得利益损失(可得利益损失,即因劣质种子可能造成的损失)和其他损失。

▶ 4. 生产、出售种子必须办理种子生产经营许可证吗

案例

某村村民黄某的一位亲戚说,现在国家政策很好,办一家公司程序很简单。但黄某知道,自己除了种地,没什么别的工作技能。不过,他从亲戚的口中得知,现在从事种子的生意也很赚钱。他对种子还是相对熟悉的,但不知道办种子公司除了办理营业执照之外,是否还需要获得其他许可。

解析

我国《种子法》第 31 条规定:从事种子进出口业务的种子生产经营许可证,由省、自治区、直辖市人民政府农业、林业主管部门审核,国务院农业、林业主管部门核发。从事主要农作物杂交种子及其亲本种子、林木良种种子的生产经营以及实行选育生产经营相结合,符合国务院农业、林业主管部门规定条件的种子企业的种子生产经营许可证,由生产经营者所在地县级人民政府农业、林业主管部门审核,省、自治区、直辖市人民政

府农业、林业主管部门核发。前两款规定以外的其他种子的生产经营许可证,由生产经营者所在地县级以上地方人民政府农业、林业主管部门核发。

只从事非主要农作物种子和非主要林木种子生产的,不需要办理种子生产经营许可证。

《种子法》第37条规定,农民个人自繁自用的常规种子有剩余的,可以在当地集贸市场上出售、串换,不需要办理种子生产经营许可证。

综上可知,并不是所有种子的生产和出售都必须办理种子生产经营许可证。但本案中黄某准备从事种子的生意,除了办理营业执照还需要办理种子生产经营许可证。

5. 农业、林业主管部门有权对种子进行取样试验吗

案例

某村附近有个种子公司,向当地农民出售各类种子,有的农民反映,他家的种子不好使,甚至减产严重。而种子的老板黄某却矢口否认农民的说法,说这是造谣。当地执法部门决定对该种子公司进行调查并进行取样试验,但黄某认为公司为合法经营,拒绝执法部门的调查。黄某有拒绝调查的权利吗?

解析

我国《种子法》第50条规定:农业、林业主管部门是种子行政执法机关。种子执法人员依法执行公务时应当出示行政执法证件。农业、林业主管部门依法履行种子监督检查职责时,有权采取下列措施:(1)进入生产经营场所进行现场检查;(2)对种子进行取样测试、试验或者检验;(3)查阅、复制有关合同、票据、账簿、生产经营档案及其他有关资料;(4)查封、扣押有证据证明违法生产经营的种子,以及用于违法生产经营

的工具、设备及运输工具等;(5)查封违法从事种子生产经营活动的场所。农业、林业主管部门依照本法规定行使职权,当事人应当协助、配合,不得拒绝、阻挠。农业、林业主管部门所属的综合执法机构或者受其委托的种子管理机构,可以开展种子执法相关工作。

据此可知,农业、林业主管部门有权进行取样试验;黄某无权拒绝,应当配合执法部门的调查和取样试验。

6. 种子质量检验机构出具虚假证明,应受到什么处罚

案例

某村村民在春耕之前,都会考虑去哪里买种子,但现在市场上面出售种子的公司很多,真不知道该怎么选。村民刘某听说镇上新开了一家种子公司,无论是价格还是质量方面都有保证,关键还有当地种子质检机构出具的检验证明。可就在第二年准备农收的时候,刘某等购买了这家公司种子的农民,发现收成比以前减了很多。在去镇上这家公司理论的时候,他们才发现其已经被执法部门查封,而那份质检报告也是质检机构违规出具的。违法出具质检证明的种子质检机构在本案中可能会承担什么责任?

解析

我国《种子法》第72条规定,品种测试、试验和种子质量检验机构伪造测试、试验、检验数据或者出具虚假证明的,由县级以上人民政府农业、林业主管部门责令改正,对单位处5万元以上10万元以下罚款,对直接负责的主管人员和其他直接责任人员处1万元以上5万元以下罚款;有违法所得的,并处没收违法所得;给种子使用者和其他种子生产经营者造成损失的,与种子生产经营者承担连带责任;情节严重的,由省级以上人民政府有关主管部门取消种子质量检验资格。

据此可知,种子质检机构出具虚假证明是一种违法行为。该种子质检机构,除了有可能被罚款之外,还有可能被政府部门取消种子质量检验资格。

7. 生产经营假种子、劣种子的单位和负责人均应严惩

案例

某村村民刘某等人去镇上种子公司理论的时候,发现该公司被查封了;通过与当地执法部门沟通还发现,这家公司除了勾结种子质检机构获得虚假证明之外,还违法向当地农民出售假种子、劣种子,导致当地很多农民的粮食严重减产,导致受害农民的当年收入大规模缩水。这种不法行为,会如何处罚?

解析

我国《种子法》第75条规定:生产经营假种子的,由县级以上人民政府农业、林业主管部门责令停止生产经营,没收违法所得和种子,吊销种子生产经营许可证;违法生产经营的货值金额不足1万元的,并处1万元以上10万元以下罚款;货值金额1万元以上的,并处货值金额10倍以上20倍以下罚款。因生产经营假种子犯罪被判处有期徒刑以上刑罚的,种子企业或者其他单位的法定代表人、直接负责的主管人员自刑罚执行完毕之日起5年内不得担任种子企业的法定代表人、高级管理人员。

《种子法》第76条规定,生产经营劣种子的,由县级以上人民政府农业、林业主管部门责令停止生产经营,没收违法所得和种子;违法生产经营的货值金额不足1万元的,并处5000元以上5万元以下罚款;货值金额1万元以上的,并处货值金额5倍以上10倍以下罚款;情节严重的,吊销种子生产经营许可证。因生产经营劣种子犯罪被判处有期徒刑以上刑罚的,种子企业或者其他单位的法定代表人、直接负责的主管人员自刑

罚执行完毕之日起5年内不得担任种子企业的法定代表人、高级管理人员。

据此可知,出售假种子、劣种子是一种违法行为。出售假种子、劣种子的单位将会面临停止生产经营、没收违法所得、罚款的行政处罚;单位直接负责的主管人员,还有可能面临刑事处罚,刑事处罚执行完毕的,还会有长达5年的禁止担任企业负责人和高管的法律后果。

▶ 8. 租借种子生产经营许可证,后果很严重

案例

在查处某镇种子公司违法行为之时,村民刘某还发现一个惊人的违法之处。原来这家种子公司虽然有种子经营许可证,经营范围也都写得明明白白的,但这个许可证,竟然是租借过来的,其案值人民币近10万元。租借种子生产经营许可证会面临什么处罚?

解析

我国《种子法》第77条规定:违反本法第32条、第33条规定,有下列行为之一的,由县级以上人民政府农业、林业主管部门责令改正,没收违法所得和种子;违法生产经营的货值金额不足1万元的,并处3000元以上3万元以下罚款;货值金额1万元以上的,并处货值金额3倍以上5倍以下罚款;可以吊销种子生产经营许可证:(1)未取得种子生产经营许可证生产经营种子的;(2)以欺骗、贿赂等不正当手段取得种子生产经营许可证的;(3)未按照种子生产经营许可证的规定生产经营种子的;(4)伪造、变造、买卖、租借种子生产经营许可证的。被吊销种子生产经营许可证的单位,其法定代表人、直接负责的主管人员自处罚决定作出之日起5年内不得担任种子企业的法定代表人、高级管理人员。

据此可知,租借种子生产经营许可证是违法行为。种子公司租借其

他公司的种子生产经营许可证,执法部门应当责令改正,没收违法所得。此外,其货值金额超过1万元的,还需要对其处货值金额3倍以上5倍以下罚款;同时还可以吊销种子生产经营许可证。该公司的法人代表、直接负责主管人员,自处罚决定作出之日起,5年内不得担任种子企业的法定代表人、高级管理人员。

9. 未经许可擅自从事粮食收购活动如何处罚

案例

某村村民游某、何某在未办理任何许可手续的情况下,长期在当地从事粮食收购活动,并在镇上设立粮食收购点,为了逃避打击,还以食品店做幌子,其实干着违法收购粮食的勾当。经当地村民举报,执法机构依法查处了游某等人违法收购粮食的行为。在查处过程中,执法部门还遭到了游某等人的抗拒,影响极为恶劣。游某等人会有何种处罚?

解析

我国《粮食流通管理条例》第40条规定,未经粮食行政管理部门许可擅自从事粮食收购活动的,由粮食行政管理部门没收非法收购的粮食;情节严重的,并处非法收购粮食价值1倍以上5倍以下的罚款;构成犯罪的,依法追究刑事责任。

据此可知,未经许可擅自从事粮食收购活动,是违法行为。针对游某等人的违法行为,执法部门可以没收他们收购来的粮食;由于存在抗拒执法,且造成恶劣影响,属于严重情节,还可以对其处以非法收购粮食价值1倍以上5倍以下的罚款。如果后续公安机关立案介入,游某等人还可能被追究刑事责任。

10. 国家对粮食收购者拖欠粮食款有什么规定

案例

某村村民赵某向镇上的一家粮食收购站出售粮食，双方签订了粮食收购买卖合同。赵某将粮食运往收购站，收购站收货后，一直以各种理由拖欠粮食款，至今一年有余。国家针对粮食收购站拖欠粮食款的行为，有什么规定？

解析

我国《粮食流通管理条例》第 11 条规定，粮食收购者收购粮食，应当执行国家粮食质量标准，按质论价，不得损害农民和其他粮食生产者的利益；应当及时向售粮者支付售粮款，不得拖欠；不得接受任何组织或者个人的委托代扣、代缴任何税、费和其他款项。据此可知，拖欠粮食款是一种违法行为。粮食收购站应当及时向赵某支付粮食收购款，不得拖欠。

11. 哪些农产品不能卖

案例

某村邻近的镇上每月初一和十五都有集市，村民李某平时靠种地度日，看着集市上很多人在贩卖农产品，貌似生意都很不错，他也打算每逢初一和十五去集市上卖点农产品贴补家用。但李某的儿子听说后，认为农产品不能随意卖，先要打听打听什么样的农产品是严禁出售的。哪些农产品不能卖？

解析

我国《农产品质量安全法》第 33 条规定，有下列情形之一的农产品，不得销售:(1)含有国家禁止使用的农药、兽药或者其他化学物质的;(2)农药、兽药等化学物质残留或者含有的重金属等有毒有害物质不符合农产品质量安全标准的;(3)含有的致病性寄生虫、微生物或者生物毒素不符合农产品质量安全标准的;(4)使用的保鲜剂、防腐剂、添加剂等材料不符合国家有关强制性的技术规范的;(5)其他不符合农产品质量安全标准的。据此可知,不符合农产品质量安全标准的农产品,是禁止出售的。农产品流入市场,需要在检测环节把关,若发现不符合质量安全标准的农产品,不仅不能出售,还要进行销毁,不得流入市场。

12. 使用农药应遵守哪些规定

案例

某村村民黄某是个老实本分的农民,家里有大棚、果园。最近有一家农产品加工厂上门找黄某谈农产品收购的事情,对方提出要求,不能添加各种有毒有害物质;对农药的使用,更是有着极严格的要求。黄某为了顺利签下合同,想知道国家关于农药的使用有哪些具体规定。

解析

我国《农药管理条例》第 34 条规定,农药使用者应当严格按照农药的标签标注的使用范围、使用方法和剂量、使用技术要求和注意事项使用农药,不得扩大使用范围、加大用药剂量或者改变使用方法。农药使用者不得使用禁用的农药。标签标注安全间隔期的农药,在农产品收获前应当按照安全间隔期的要求停止使用。剧毒、高毒农药不得用于防治卫生害虫,不得用于蔬菜、瓜果、茶叶、菌类、中草药材的生产,不得用于水生植物的病虫害防治。

《农药管理条例》第 35 条规定,农药使用者应当保护环境,保护有益生物和珍稀物种,不得在饮用水水源保护区、河道内丢弃农药、农药包装物或者清洗施药器械。严禁在饮用水水源保护区内使用农药,严禁使用农药毒鱼、虾、鸟、兽等。

《农药管理条例》第36条规定,农产品生产企业、食品和食用农产品仓储企业、专业化病虫害防治服务组织和从事农产品生产的农民专业合作社等应当建立农药使用记录,如实记录使用农药的时间、地点、对象以及农药名称、用量、生产企业等。农药使用记录应当保存2年以上。国家鼓励其他农药使用者建立农药使用记录。

对农产品使用农药,应当严格遵守国家规定。使用农药要对症适时,不能随意使用;要保证施药技术和质量方面的专业性。同时,还要注意安全用药。用药后,不得随意丢弃农药,造成其他污染损害。用农药的农产品生产企业,要把用药档案记录保留2年以上。如果是农民个人施药,国家也鼓励个人保存农药使用记录。

▶ 13. 要分清假兽药、劣兽药

案例

某市农业局开展兽药市场执法活动,经当地村民举报,在李某所经营的兽药店中抽检到兽药产品乙酰甲喹注射液(标称某县某兽药有限公司生产),某市农业局随即向标称的生产厂家某县某兽药有限公司发出产品确认函。半个月后,某市农业局收到生产厂家的情况说明,该产品为假冒该公司生产的兽药产品。什么是假兽药?什么是劣兽药?

解析

我国《兽药管理条例》第47条规定,有下列情形之一的,为假兽药:(1)以非兽药冒充兽药或者以他种兽药冒充此种兽药的;(2)兽药所含成分的种类、名称与兽药国家标准不符合的。有下列情形之一的,按照假兽药处理:(1)国务院兽医行政管理部门规定禁止使用的;(2)依照本条例规定应当经审查批准而未经审查批准即生产、进口的,或者依照本条例规定应当经抽查检验、审查核对而未经抽查检验、审查核对即销售、进口的;(3)变质的;(4)被污染的;(5)所标明的适应症或者功能主治超出规定范围的。

《兽药管理条例》第48条规定,有下列情形之一的,为劣兽药:(1)成分含量不符合兽药国家标准或者不标明有效成分的;(2)不标明或者更改有效期或者超过有效期的;(3)不标明或者更改产品批号的;(4)其他不符合兽药国家标准,但不属于假兽药的。

经营假兽药、劣兽药是违法行为。本案中,假兽药是以假充真的假兽药。而劣兽药一般指的是不符合兽药质量标准,但不属于假兽药,而是以次充好,质量低劣、超过有效期的兽药。

14. 使用有休药期规定的兽药应该遵守哪些规定

案例

某村村民刘某家里每年都会养几头猪,定期会有人上门收购生猪。但今年有一头猪常出现腹泻的症状,为了卖个好价钱,他在上门收购的前一日还继续给猪注射兽药,以保证生猪不腹泻。刘某上大学的儿子听说后,告诉父亲说使用兽药,是需要遵守休药期规定的。刘某倒是头一次听说还有休药期这么一说。什么是休药期?

解析

兽药休药期又称兽药停药期,是指饲养的动物从停止给药到许可屠宰或动物产品(包括奶、蛋)许可上市的间隔时间。我国《兽药管理条例》第40条规定,有休药期规定的兽药用于食用动物时,饲养者应当向购买者或者屠宰者提供准确、真实的用药记录;购买者或者屠宰者应当确保动物及其产品在用药期、休药期内不被用于食品消费。

▶ 15. 不能在饲料和动物饮用水中添加激素类和其他禁用药品

案例

某村村民李某一直是靠种庄稼生活，日子过得紧巴巴的，想干点别的多赚点。今年猪肉收购价格不错，他也准备搞生猪养殖。但养生猪毕竟和种庄稼不一样。他最想知道，如果添加了禁止类兽药，会受到何种处罚？

解析

我国《兽药管理条例》第68条规定，在饲料和动物饮用水中添加激素类药品和国务院兽医行政管理部门规定的其他禁用药品，依照《饲料和饲料添加剂管理条例》的有关规定处罚；直接将原料药添加到饲料及动物饮用水中，或者饲喂动物的，责令其立即改正，并处1万元以上3万元以下罚款；给他人造成损失的，依法承担赔偿责任。据此可知，添加禁止类兽药，是违法行为。如果添加禁止类兽药，不仅要面临行政处罚，还要承担民事赔偿责任。

▶ 16. 未按国家有关兽药安全使用规定使用兽药，应承担什么责任

案例

某市农业农村局在对某村某养殖有限公司进行执法检查时，发现该公司存在使用“某耳”等“N家苗”的行为。某市农业农村局对该公司立案调查。经查明，该公司为预防和治疗所属养猪场部分生猪某疾病，未经批准擅自采集自家养殖场生猪病料，委托某生物高能技术有限公司生产

了"N家苗"。经鉴定,"N家苗"属于有毒有害化合物,该养殖有限公司在明知这些"N家苗"没有任何产品批准文号的情况下,仍将其使用在养殖场生猪上。该养殖有限公司会面临什么处罚?

解析

我国《兽药管理条例》第62条规定,违反本条例规定,未按照国家有关兽药安全使用规定使用兽药的、未建立用药记录或者记录不完整真实的,或者使用禁止使用的药品和其他化合物的,或者将人用药品用于动物的,责令其立即改正,并对饲喂了违禁药物及其他化合物的动物及其产品进行无害化处理;对违法单位处1万元以上5万元以下罚款;给他人造成损失的,依法承担赔偿责任。据此可知,未按国家有关兽药安全使用规定使用兽药,是违法行为。该养殖有限公司因违法使用有毒有害化合物,执法部门可以责令其改正,并对含有有毒有害化合物的生猪肉进行无害化处理;同时,还可以对该公司进行行政罚款,如果造成他人损失的,还依法承担民事赔偿责任。

▶ 17. 违法使用保鲜剂、防腐剂、添加剂,应承担什么法律责任

案例

某市场监管局根据某村村民举报,在调查中发现,某市农产品有限公司在"某某美"农产品生产过程中,违反食品安全国家标准的规定,添加某菌素、D－抗坏血酸钠作为防腐剂,涉案产品货值共计50,280元。该公司这种行为会受到何种处罚?

解析

《农产品质量安全法》第49条规定,有本法第33条第4项规定情形,使用的保鲜剂、防腐剂、添加剂等材料不符合国家有关强制性的技术规范

的，责令停止销售，对被污染的农产品进行无害化处理，对不能进行无害化处理的予以监督销毁；没收违法所得，并处2000元以上2万元以下罚款。据此可知，违法使用保鲜剂、防腐剂、添加剂属于违法行为。某农产品有限公司违法使用防腐剂，执法部门应当责令其停止销售被污染的农产品，并作无害化处理甚至销毁处理；有违法所得的，要没收违法所得；还可以对该公司进行行政罚款。

▶ *18.* 农产品生产者、销售者对监督抽查检测结果有异议，怎么办

案例

某农业执法部门在当地开展农产品违法检查活动，村民王某的农产品被执法部门进行抽查，检测结果出来之后，显示王某的农产品含有超出国家标准的添加物，要面临行政处罚。王某对结果不服，如何维权？

解析

我国《农产品质量安全法》第36条规定，农产品生产者、销售者对监督抽查检测结果有异议的，可以自收到检测结果之日起5日内，向组织实施农产品质量安全监督抽查的农业行政主管部门或者其上级农业行政主管部门申请复检。采用国务院农业行政主管部门会同有关部门认定的快速检测方法进行农产品质量安全监督抽查检测，被抽查人对检测结果有异议的，可以自收到检测结果时起4小时内申请复检。复检不得采用快速检测方法。因检测结果错误给当事人造成损害的，依法承担赔偿责任。

据此可知，王某对结果持异议，可以申请复检。申请复检是王某的一项权利，如果执法机构的检测结果有错误，且造成王某损害的，应承担赔偿责任。

(二)典型案例

案例一

案情

某村村民张某是某林区的护林员。一次巡查林区的时候,张某发现了一生产假冒伪劣农业生产资料的特大黑窝点。该黑窝点不仅白天生产,晚上也从不休息。伪劣生产原料足能装满三辆卡车,粉尘弥漫,而且气味十分难闻。张某坚持监视违法人员的一言一行1个多月,到取证的关键时刻,他怕打草惊蛇,没有打电话举报,而是发短信通知了好朋友李某,让李某到有关机关进行了举报。

案件结果

张某获得6万元奖励,李某获得1万元奖励。

解析

农业生产资料,是指包括农作物种子、农药、肥料、饲料和饲料添加剂(含渔用)、种畜禽、牧草种子、食用菌菌种、兽药、农机及零配件、水产苗种、渔药、渔具等农业投入品的总称。

我国农业部《农业生产资料打假举报奖励办法(试行)》第4条规定,生产、销售假冒伪劣农业生产资料行为主要是:(1)生产、销售国家禁用、停用、淘汰的农业生产资料产品;(2)生产、销售无登记证(或应取得而未取得推广许可证)、批准文号、生产许可证、经营许可证、质量合格证等证件不齐全的农业生产资料产品;(3)生产、销售掺杂使假、以次充好等假冒伪劣的农业生产资料;(4)其他严重违反农业生产资料管理法律法规的制假售假活动。

我国农业部《农业生产资料打假举报奖励办法(试行)》第6条、第7条、第8条规定,举报人举报案件经查属实,案件情节恶劣,社会危害大,并经农业部农业生产资料打假评审委员会评审,决定给予奖励的,可以获得农业部农业生产资料打假举报奖励金额1万元至15万元。同一个案件有两个或两个以上的举报人,视每个举报人的贡献大小分别发给奖金,但资金总额不超过单一案件应得的奖励金额。农业部受理举报案件的工作人员要严格为举报人保密。未经举报人同意,不得公开举报人的姓名、身份、居住地及有关资料。

本案中,举报人张某和李某举报的案件经查证属实,案件情节恶劣,社会危害大,经过农业部农业生产资料打假评审委员会评审后,他们共获得7万元奖励。在整个检举的过程中,张某时刻注意着违法人员的一言一行,监视了长达1个月之久,而李某只是最后负责通报,相比而言,张某的贡献显然大于李某。因此,张某分得6万元也是相当合理的。

为了保护举报人的个人隐私,未经举报人同意,农业部受理举报案件的工作人员不会公开举报人的姓名、身份、居住地及有关资料,这极大地保护了举报人及其家庭成员的人身安全。

案　例　二

案情

孟老伯是勤勤恳恳的农民,每年最大的心愿就是盼着庄稼地能有个好收成。今年同往年一样,孟老伯在镇种子站的销售点买好了种子并进行播种,可是收成的季节到了,孟老伯却颗粒无收。经过鉴定,发现种子有质量问题,孟老伯遂将种子站告上了法庭,要求种子站代理销售点赔偿自己的损失共计3万元。

案件结果

人民法院支持了孟老伯的诉讼请求。

解析

农作物分为主要农作物和非主要农作物。根据我国《种子法》第92条第3项的规定,主要农作物是指稻、小麦、玉米、棉花、大豆。

购买种子时应注意:(1)到正规种子经营单位或门店购买。出售种子的单位应当具有经营许可证、委托代销证(针对代销包装物不能开封的种子而言)和营业执照。(2)注意检查种子包装是否规范。代销点不能随意拆袋,以防假劣种子混入。(3)仔细查看种子袋上的标签是否合格、正规。《种子法》规定,销售的种子必须进行包装,而且要附有标签。购种子时,一看种子袋表面是否印有"作物种类、品种名称、生产商、质量指标、净含量、生产年月、警示标志和'转基因'标准"等内容,如果没有上述标志,可认定为假种子;二看种子袋内是否装有内标牌,标牌上是否印有种子经营许可证、生产许可证、检疫证编号、生产商地址、联系方式和使用说明等,如果没有或不全或与实物不符,说明种子来历不明或者是假种子。(4)选择正确的品种。(5)看种子色泽,闻种子气味。(6)注意种子的生产年月,避免购买超过一个生长周期的种子。(7)注意阅读使用说明和注意事项。(8)索取正规销售发票,并在发票上注明品种名称、数量、价格、地点及时间,妥善保管。

我国《种子法》第31条规定,从事种子进出口业务的种子生产经营许可证,由省、自治区、直辖市人民政府农业、林业主管部门审核,国务院农业、林业主管部门核发。从事主要农作物杂交种子及其亲本种子、林木良种种子的生产经营以及实行选育生产经营相结合,符合国务院农业、林业主管部门规定条件的种子企业的种子生产经营许可证,由生产经营者所在地县级人民政府农业、林业主管部门审核,省、自治区、直辖市人民政府农业、林业主管部门核发。前两款规定以外的其他种子的生产经营许可证,由生产经营者所在地县级以上地方人民政府农业、林业主管部门核发。只从事非主要农作物种子和非主要林木种子生产的,不需要办理种子生产经营许可证。

据此可知,购买种子可以到以下几个地方:(1)农业部或各省、市、自治区农业厅审批发放的农作物杂交种子经营单位;(2)县级以上农业局审批发放的农作物常规种子经营单位。以上两种经营单位都应有审批机关核发的《种子经营许可证》。

没有经营许可证,但属于下列几种情况,也可以经营农作物种子:(1)专门经营不再分装的小包装种子的地方;(2)有《种子经营许可证》的种子经营者以书面形式委托代销其种子的地方;(3)种子经营者根据经营许可证规定的有效区域设立的分支机构。

根据《种子法》第 49 条第 2 款的规定,下列种子为假种子:(1)以非种子冒充种子或者以此种品种种子冒充他品种种子的;(2)种子种类、品种与标签标注的内容不符或者没有标签的。

如果种子质量有问题,可以委托种子质量监督检验部门检验,凭检验报告要求种子经营单位予以赔偿,或到种子管理部门投诉。

一旦发现种子有质量问题,应马上采取措施,先将剩余的种子封存,留作鉴定时用。如果能现场拍照,最好及时拍下受害情况。留存证据后,双方可协商解决。协商不成,双方或一方可以向当地农业局和种子管理站提出申请,请求协助解决。受害方也可以直接向人民法院提起民事诉讼。

我国《种子法》第 46 条规定,种子使用者因种子质量问题或者因种子的标签和使用说明标注的内容不真实,遭受损失的,种子使用者可以向出售种子的经营者要求赔偿,也可以向种子生产者或者其他经营者要求赔偿。赔偿额包括购种价款、可得利益损失和其他损失。属于种子生产者或者其他经营者责任的,出售种子的经营者赔偿后,有权向种子生产者或者其他经营者追偿;属于出售种子的经营者责任的,种子生产者或者其他经营者赔偿后,有权向出售种子的经营者追偿。经营者有权向生产者或者其他经营者追偿。

本案中,孟老伯已经举证证明了代理销售点销售的种子有质量问题,经过法院调查取证,存在上述事实,经调解双方没能达成协议,法院支持了孟老伯的诉讼请求。

案例三

案情

某镇甲、乙、丙等村的数十户村民到当地市场监督管理部门联名申诉,称他们为响应村里统一防治小麦病虫害的要求,从当地农药经销商刘某、朱某处购进“麦病灭绝”等农药对小麦进行了喷洒,没想到使用该农药后的第三天,麦子就出现了异常现象,一周后小麦相继枯死,造成数十户村民承包的800多亩小麦大面积绝收。村民们悲愤欲绝,本以为这些农药能减少小麦的病虫害,可没想到的是,不但病虫害没有除掉,反而给他们带来了惨重的损失。

案件结果

市场监督管理部门执法人员接到村民们的申诉后,当天就联合农业行政执法大队的执法人员赶至现场,经过调查、取证,认定投诉村民所使用的“麦病灭绝”农药为假冒产品。这起连环销售假冒农药造成800多亩小麦绝收的坑农事件引起了当地政府的高度重视,该市市场监督管理部门、农业管理部门在统计了农民的受损情况后,责令厂家及经销商对这数十户村民进行了赔偿,并对相关厂商依法进行了查处。

解析

《农药管理条例》第38条规定："发生农药使用事故，农药使用者、农药生产企业、农药经营者和其他有关人员应当及时报告当地农业主管部门。接到报告的农业主管部门应当立即采取措施，防止事故扩大，同时通知有关部门采取相应措施。造成农药中毒事故的，由农业主管部门和公安机关依照职责权限组织调查处理，卫生主管部门应当按照国家有关规定立即对受到伤害的人员组织医疗救治；造成环境污染事故的，由环境保护等有关部门依法组织调查处理；造成储粮药剂使用事故和农作物药害事故的，分别由粮食、农业等部门组织技术鉴定和调查处理。"

《农药管理条例》第24条规定，国家实行农药经营许可制度，但经营卫生用农药的除外。农药经营者应当具备下列条件，并按照国务院农业主管部门的规定向县级以上地方人民政府农业主管部门申请农药经营许可证：(1)有具备农药和病虫害防治专业知识，熟悉农药管理规定，能够指导安全合理使用农药的经营人员；(2)有与其他商品以及饮用水水源、生活区域等有效隔离的营业场所和仓储场所，并配备与所申请经营农药相适应的防护设施；(3)有与所申请经营农药相适应的质量管理、台账记录、安全防护、应急处置、仓储管理等制度。经营限制使用农药的，还应当配备相应的用药指导和病虫害防治专业技术人员，并按照所在地省、自治区、直辖市人民政府农业主管部门的规定实行定点经营。

根据《农药管理条例》第27条第2款的规定，农药经营者应当向购买人询问病虫害发生情况并科学推荐农药，必要时应当实地查看病虫害发生情况，并正确说明农药的使用范围、使用方法和剂量、使用技术要求和注意事项，不得误导购买人。

《农药管理条例》第56条规定，农药经营者经营劣质农药的，由县级以上地方人民政府农业主管部门责令停止经营，没收违法所得、违法经营的农药和用于违法经营的工具、设备等，违法经营的农药货值金额不足1

万元的,并处2000元以上2万元以下罚款,货值金额1万元以上的,并处货值金额2倍以上5倍以下罚款;情节严重的,由发证机关吊销农药经营许可证;构成犯罪的,依法追究刑事责任。

为了避免购买到假劣农药,在购买农药时要注意以下几点:一是不要购买农药标签上没有登记证号的农药。二是不要购买超过有效期或没有标明有效期的农药(有效期一般为2年)。三是不要购买包装破损的农药。四是不要购买标签残缺不全或不清楚的农药。五是不要购买有可能存在质量问题的农药,如粉剂有结块,色泽不均匀;乳油有分层、混浊和结晶析出现象;熏蒸用农药呈粉状等。

万一购买了假劣农药,要做到以下几点:一是将怀疑有质量问题农药的样品送至农药质量鉴定机构,按质量标准进行检测;二是妥善保存好有效票据和农药包装物,一旦出现质量问题,及时到农业、市场监督管理等部门投诉,依法维护自己的合法权益。

案例四

案情

贾某发现,“某甲”化肥市场价格较低,质量好,在村里销量大,很受欢迎,因此动起了歪脑筋,仿照“某甲”化肥的颜色、质地,将从大型化肥厂的下脚料车间购买的低成本肥料、从农药厂的药品备用车间购买的农药,灌装了“某乙”化肥。由于两种化肥产品的商标和外包装极其相似,很多农民误以为“某乙”是“某甲”化肥而购买。贾某因此大挣了一笔,仅纯利润就1万余元。农民为庄稼施肥后,不少庄稼出现了枯死现象,纷纷要求贾某赔偿自己的各项损失。

案件结果

某县级农业行政主管部门给予贾某警告,并处1.6万元罚款。

解析

肥料,是指用于提供、保持或者改善植物营养和土壤物理、化学性能以及生物活性,能提高农产品产量,改善农产品品质,增强植物抗逆性的有机、无机、微生物及其混合物料。县级以上人民政府农业、市场监督管理、环保等有关部门在各自的职责范围内负责有关的肥料监督管理工作。

本案中,贾某生产、销售的化肥产品为假冒伪劣产品。贾某生产、销售这些化肥只是为了牟取不正当利益,没有取得登记证,没有登记证号,严重违反了《肥料登记管理办法》第 27 条的规定。贾某这种行为应当由县级以上农业行政主管部门给予警告,并处违法所得 3 倍以下最高不得超过 3 万元的罚款。贾某从大型化肥厂的下脚料车间购买低成本材料,又从农药厂的药品备用车间购买农药配成化肥。该化肥是农药与肥料等物质的混合物,属于农药管理的范畴,由于贾某没有申请办理农药登记,没有取得农药登记证,违反了《农药管理条例》和《农药管理条例实施办法》,应当受到相应惩处。

贾某生产并销售的“某乙”化肥,还侵犯了“某甲”化肥的商标权。因此“某甲”化肥厂家可以以贾某侵犯其商标权为由,请求得到相应赔偿。

在一般情况下,假冒伪劣化肥的包装大多使用劣质材料,粗糙且不符合规格。所以假化肥包装破损率高、字迹不清、商标模糊。在日常生活中,我们购买肥料产品时应注意以下事项:首先,要到国家指定的定点单位购买,即各级农资公司、化肥生产企业和农业“三站”,不要到个人或其他非正式的销售网点购买。其次,购买时一定要看清检验合格证以及包装袋上的标志,要“三证”齐全。“三证”即生产许可证、农药化肥登记证和执行标准。执行标准现有两个:一个是国家标准,代号为 GB;另一个是企业标准,代号为 Q/YF。企业标准必须高于国家标准。再次,按照规定,化肥包装袋上必须注明产品名称、养分含量、等级、商标、净重、标准代号、厂名、厂址、生产许可证号码等标志。最后,购买时一定要索要发票,以备日后出现质量问题有据可依。一旦出现质量问题,要及时向各级市场监督管理部门投诉。

案　例　五

案情

某村村民李某在村里有一马场,共17匹马。向各大剧组租赁马匹和教授骑马技术,为马场主要营利手段。由于近几天马匹在剧组劳累过度以及夏天饲料变质的缘故,多数马匹出现了痢疾症状。李某见马匹反应迟钝,立即向拍摄场地附近的医院求助。因为附近没有兽医医院,其他有正当经营许可证的医院又不能为牲畜看病。无奈之下,李某找到了某村村民张某在村里开的私人诊所。张某称自己是本地的“神医”,至今还未碰到不能医好的人,更别说牲畜了。于是随意问了一下马匹的症状,就把用于治疗人拉肚子的“泻快好”开了大剂量给马匹。谁知马匹服药后,部分马匹出现了肌肉抽搐的现象,根本无法完成余下的拍摄任务,给剧组造成很大损失,李某也未能得到租赁马匹的租金。李某一气之下将张某告上了法庭,要求张某赔偿自己的各项损失共计15万元。

案件结果

法院认为,张某没有行医资格,更没有兽药经营许可证;责令其停止经营,没收其违法所得,并处违法经营的兽药(包括已出售的和未出售的兽药)货值金额1000元罚款。

解析

《兽药管理条例》第56条规定:无兽药生产许可证、兽药经营许可证生产、经营兽药的,责令其停止生产、经营,没收其用于违法生产的原料、辅料、包装材料及生产、经营的兽药和违法所得,并处违法生产、经营的兽药(包括已出售的和未出售的兽药)货值金额2倍以上5倍以下罚款,货值金额无法查证核实的,处10万元以上20万元以下罚款;无兽药生产许可证生产兽药,情节严重的,没收其生产设备;生产、经营假、劣兽药。情节严重的,吊销兽药生产许可证、兽药经营许可证;构成犯罪的,依法追究刑事责任;给他人造成损失的,依法承担赔偿责任。

本案中,“神医”张某给马匹开的大剂量药物“泻快好”不是专用兽药,张某的行为实际上是以非兽药冒充兽药,使用人用药品给马匹治病。

从主体上说,张某没有行医资格,不是执业兽医。张某尚未取得执业兽医资格,也未经登记,虽在乡村从事动物诊疗服务活动,但不能算是乡村兽医。从客观行为上说,张某用假冒兽药为马匹看病已经构成针对牲畜的行医行为,根据《兽药管理条例》,应责令张某停止经营,没收其违法销售药品所得,并处与违法销售兽药(包括已出售的和未出售的兽药)货值金额相应的数额罚款。

作为本案的另一当事人李某,因为张某的过错造成其马匹因拍戏而获得酬金的既得利益遭受了损失,可以向张某主张相应赔偿。但李某自身也存在一定过失:其在马匹生病的紧急情况下,明知张某所开的是私人诊所,没有考虑张某是否具备行医资格及其随意开药的后果便请张某开药,因此,其自身也应承担相应的责任。

四、集体土地征收与房屋拆迁

(一)集体土地征收与房屋拆迁法律知识

1. 农民不可以忽略的土地知识

案例

某村正在开展普法活动,土地普法是其中重要一块。有的村民认为,村里的土地都属于村集体;有的村民认为,除非自己同意,否则,任何部门都不能征收农村集体土地。到底什么样的土地属于农村集体土地?什么样的土地属于国家所有的土地?

解析

按照我国《宪法》和《土地管理法》的规定,我国实行土地的社会主义公有制,即全民所有制和劳动群众集体所有制,也就是国有和农民集体所有。

我国《土地管理法》第9条规定,城市市区的土地属于国家所有。农村和城市郊区的土地,除由法律规定属于国家所有的以外,属于农民集体所有;宅基地和自留地、自留山,属于农民集体所有。国家为了公共利益的需要,可以依照法律规定对土地实行征收或者征用并给予补偿。任何组织或者个人不得侵占、买卖或者以其他形式非法转让土地。土地的使用权可以依照法律的规定转让。一切使用土地的组织和个人必须合理地利用土地。

据此可知,土地对农民来说是“命根子”,所以土地对农民的重要性不言而喻。农村的大多数土地属于农民集体所有,并不属于农民个人所有,但农民可以通过宅基地、自留地、承包地等形式来使用土地。基于此,属于农民集体所有的土地,一旦遇到法定条件,比如国家依法对农民集体土地进行征收、征用,也是合法的,并非必须经过农民同意,国家才可以征收。依据上述规定,城市的土地属于国家所有。农村和城市郊区的土地,除由法律规定属于国家所有的以外,属于集体所有;宅基地和自留地、自留山,也属于集体所有。

2. 农民应当知道的集体土地登记方法

案例

某村村民刘某两口子婚后在村里自建了一处宅基地,由于政策原因,一直未办理土地登记。后刘某的丈夫去世,刘某的儿子婚后与媳妇居住于此,由于婆媳之间矛盾加剧,刘某独自一人搬出去居住。现在听村里的人说,马上要办理土地登记了。刘某想知道如何办理土地登记?

解析

根据《土地登记规则》第 1 条、第 2 条、第 3 条相关规定,土地登记是国家依法对国有土地使用权、集体土地所有权、集体土地使用权和土地他项权利的登记。土地登记分初始土地登记和变更土地登记。国有土地使用者、集体土地所有者、集体土地使用者和土地他项权利者,必须依照本规则划定,申请土地登记。依法登记的土地使用权、所有权及他项权利,受法律保护,任何单位和个人不得侵犯。

据此可知,村民有义务办理土地登记。土地登记以县级行政区(含县级市、旗、自治县、市辖区)为单位组织进行。具体工作由县级以上人民政府土地管理部门负责。土地管理部门依法履行土地登记职责,任何单位和个人不得阻挠、干预。土地登记的申请书、审批表、土地登记簿、土地归户册、土地证书式样,由国家土地管理部门统一制定。

确认林地、草原的所有权或者使用权，确认水面、滩涂的养殖使用权，分别依照《森林法》、《草原法》和《渔业法》的有关规定办理。

▶ 3. 必须了解征收和征用的区别

案例

某村部分土地经过省政府的批准，征收后被用于非农业建设，同时还解决了当地一部分农民子弟的就业问题。某日，该地的某片水域闸口突然决堤，波涛滚滚的江水好似万匹脱缰的野马一般冲向该村。对此已经有准备的守堤官兵和村民们把事先从附近地区征集来的汽车，装满石头后推向决堤口。但大自然的力量非常强大，装满石头的汽车无法阻挡破堤的江水。人们急中生智，又从水面上临时征集十艘船只，将船沉入决堤口水面，这才阻绝了洪水的泛滥。征收和征用有何区别？

解析

集体土地征收，是指为了公共利益的需要，国家通过法定程序把农民集体所有的土地强制地征归国有的行为。国家征收土地的，依照法定程序批准后，由县级以上地方人民政府予以公告并组织实施。被征收土地的所有权人、使用权人应当在公告规定期限内，持土地权属证书到当地人民政府土地行政主管部门办理征地补偿登记。

土地征收和土地征用的主要区别在于：征收是所有权的改变，征用只是使用权的改变。土地征收是国家从农民集体那里取得了所有权，发生了所有权的转移；征用则是在紧急情况下对农民集体所有土地的强制性使用，在紧急情况结束后，要把被征用的土地归还给农民集体。

此外，《民法典》第 245 条规定："因抢险救灾、疫情防控等紧急需要，依照法律规定的权限和程序可以征用组织、个人的不动产或者动产。被征用的不动产或者动产使用后，应当返还被征用人。组织、个人的不动产或者动产被征用或者征用后毁损、灭失的,应当给予补偿。”据此可知,本案中,在抢险救灾过程中,征集汽车、船只是对公民动产的征用。

4. 哪些征收必须由国务院批准

案例

某村村民刘某,合法承包该村土地,承包期限为1995年10月至2025年10月,其承包的土地在性质上,属于永久基本农田。2019年,因交通规划需求,修建高速公路,征收该村土地,刘某承包的耕地恰巧被列入该项目涉及的征收范围内;征收方是当地县级政府。当地县级政府有权征收吗?

解析

我国《土地管理法》第46条规定:“征收下列土地的,由国务院批准:(一)永久基本农田;(二)永久基本农田以外的耕地超过三十五公顷的;(三)其他土地超过七十公顷的。征收前款规定以外的土地的,由省、自治区、直辖市人民政府批准。征收农用地的,应当依照本法第四十四条的规定先行办理农用地转用审批。其中,经国务院批准农用地转用的,同时办理征地审批手续,不再另行办理征地审批;经省、自治区、直辖市人民政府在征地批准权限内批准农用地转用的,同时办理征地审批手续,不再另行办理征地审批,超过征地批准权限的,应当依照本条第一款的规定另行办理征地审批。”据此可知,本案中永久基本农田的征收,须由国务院批准。

5. 收回土地使用权不可忽略的知识

案例

某政府因公益事业建设需求,决定对某街路南段的民房进行拆迁安置工作。由于该民房区属于城中村,所以土地皆为集体所有。该村村民刘某不满拆迁安置方案,拒绝搬迁,并向当地一家自媒体爆料:"当地政府无权占地,并多次骚扰我,属于违法行为。我的身心健康和财产均受到损失,请求自媒体予以监督和报道。"该自媒体采访当地政府时,相关办事员告诉自媒体,该拆迁范围的土地宅基地属于农民集体所有,因公益事业建设需求,拆迁改造符合法定程序和有关法律法规。

解析

我国《土地管理法》第 66 条规定:"有下列情形之一的,农村集体经济组织报经原批准用地的人民政府批准,可以收回土地使用权:(一)为乡(镇)村公共设施和公益事业建设,需要使用土地的;(二)不按照批准的用途使用土地的;(三)因撤销、迁移等原因而停止使用土地的。依照前款第(一)项规定收回农民集体所有的土地的,对土地使用权人应当给予适当补偿。收回集体经营性建设用地使用权,依照双方签订的书面合同办理,法律、行政法规另有规定的除外。"

据此可知,因公益事业需要,可以收回土地使用权。刘某因不满拆迁安置方案,散布谣言的做法是不可取的。另根据《治安管理处罚法》第 25 条规定,散布谣言的,处 5 日以上 10 日以下拘留,可以并处 500 元以下罚款;情节较轻的,处 5 日以下拘留或 500 元以下罚款。

▶ 6. 在农村建设用地上建造乡镇企业,是如何审批的

案例

2020 年某月,某村村民李某投资二手农用车交易市场,违法占用某村建设用地 3.72 亩建二手农用车陈列厅。不久,当地自然资源局组织相关单位对该房屋进行拆除,并恢复土地原状。在建设用地上建造乡镇企业,需要什么手续?

解析

《土地管理法》第44条规定:"建设占用土地,涉及农用地转为建设用地的,应当办理农用地转用审批手续。永久基本农田转为建设用地的,由国务院批准。在土地利用总体规划确定的城市和村庄、集镇建设用地规模范围内,为实施该规划而将永久基本农田以外的农用地转为建设用地的,按土地利用年度计划分批次按照国务院规定由原批准土地利用总体规划的机关或者其授权的机关批准。在已批准的农用地转用范围内,具体建设项目用地可以由市、县人民政府批准。在土地利用总体规划确定的城市和村庄、集镇建设用地规模范围外,将永久基本农田以外的农用地转为建设用地的,由国务院或者国务院授权的省、自治区、直辖市人民政府批准。"

《土地管理法》第59条规定:"乡镇企业、乡(镇)村公共设施、公益事业、农村村民住宅等乡(镇)村建设,应当按照村庄和集镇规划,合理布局,综合开发,配套建设;建设用地,应当符合乡(镇)土地利用总体规划和土地利用年度计划,并依照本法第四十四条、第六十条、第六十一条、第六十二条的规定办理审批手续。"

《土地管理法》第60条规定:"农村集体经济组织使用乡(镇)土地利用总体规划确定的建设用地兴办企业或者与其他单位、个人以土地使用权入股、联营等形式共同举办企业的,应当持有关批准文件,向县级以上地方人民政府自然资源主管部门提出申请,按照省、自治区、直辖市规定的批准权限,由县级以上地方人民政府批准;其中,涉及占用农用地的,依照本法第四十四条的规定办理审批手续。按照前款规定兴办企业的建设用地,必须严格控制。省、自治区、直辖市可以按照乡镇企业的不同行业和经营规模,分别规定用地标准。"

据此可知,李某如需在建设用地上建设二手农用车交易市场这种乡镇企业,应向县级以上地方人民政府自然资源主管部门提出申请,按照省、自治区、直辖市规定的批准权限，由县级以上地方人民政府批准。擅自建设乡镇企业的属于违法行为，其房屋应当被拆除。

▶ 7. 征收耕地的补偿费用是如何规定的

案例

某政府因规划需要建设一条高速公路，某村地处规划范围，就对某村发布了征地公告，其中载明征地的补偿标准为 9.7 万元/亩，全部采用货币的方式进行补偿，青苗和地上附着物依照有关政策进行补偿。村民刘某在该村承包了 5 亩土地，恰好在此次征地的范围内，其承包的土地上已经种植果树、橘子树和其他苗木，总计 1800 余棵。在征地过程中，到底如何补偿？

解析

征收农用耕地的，应当依法给予补偿。我国《土地管理法》第 48 条规定：征收土地应当给予公平、合理的补偿，保障被征地农民原有生活水平不降低、长远生计有保障。征收土地应当依法及时足额支付土地补偿费、安置补助费以及农村村民住宅、其他地上附着物和青苗等的补偿费用，并安排被征地农民的社会保障费用。征收农用地的土地补偿费、安置补助费标准由省、自治区、直辖市通过制定公布区片综合地价确定。制定区片综合地价应当综合考虑土地原用途、土地资源条件、土地产值、土地区位、土地供求关系、人口以及经济社会发展水平等因素，并至少每三年调整或者重新公布一次。

据此可知，本案中刘某的农用地被征收的补偿标准，应当由省、自治区、直辖市通过制定公布区片综合地价确定，且至少每 3 年调整或者重新公布一次。

8. 地上附着物补偿费和青苗补偿费的计算办法是如何规定的

案例

某村因市政规划修高速公路,征地工作正在如火如荼地进行中。村民刘某很心疼自己这么多年建的房子和种的农作物,不愿意被征收,但在村民委员会和政府办事人员的沟通和努力下,刘某明白这是为了公共利益的需要,也同意了征收,但还是对附着物以及青苗补偿款如何计算不太明白。

解析

我国《土地管理法》第 48 条第 4 款、第 5 款规定,征收农用地以外的其他土地、地上附着物和青苗等的补偿标准,由省、自治区、直辖市制定。对其中的农村村民住宅,应当按照先补偿后搬迁、居住条件有改善的原则,尊重农村村民意愿,采取重新安排宅基地建房、提供安置房或者货币补偿等方式给予公平、合理的补偿,并对因征收造成的搬迁、临时安置等费用予以补偿,保障农村村民居住的权利和合法的住房财产权益。县级以上地方人民政府应当将被征地农民纳入相应的养老等社会保障体系。被征地农民的社会保障费用主要用于符合条件的被征地农民的养老保险等社会保险缴费补贴。被征地农民社会保障费用的筹集、管理和使用办法,由省、自治区、直辖市制定。

据此可知,地上附着物补偿费,是指国家建设依法征用土地时由用地单位支付给被征地单位的对地上物损失的补偿数额,包括地上的各种建筑物、构筑物,如房屋、水井、道路、管线、水渠及林木等,我们生活中常说的“农村房屋拆迁”即包含于其中,其具体标准由各省、自治区、直辖市规定。计算地上附着物补偿费,按照拆什么补偿什么,拆多少补偿多少,并且不低于原有水平的原则。各省、自治区、直辖市根据当地具体情况进行测算,制定符合当地物价水平的地上附着物补偿标准。

青苗补偿费,是指国家征用土地时,农作物正处在生长阶段而未能收获,国家应给予土地承包者或土地使用者的经济补偿。青苗补偿费的标准,一般农作物最高按一季产值计算,如果是播种不久或投入较少,也可以按一季产值的一定比例计算。青苗补偿费的具体标准,由各省、自治区、直辖市规定。

▶ 9. 村民必须掌握的补偿安置费用发放办法

案例

某村为了配合市政规划建设高速公路的需求,全村村民都同意了征收方案,都在等待下发补偿款的那一天。但对于如何发放补偿款,有诸多不同的说法,有人说是直接发到村民手里,有人说是发到村民委员会。到底怎么发放,村民谁都没法说清楚。

解析

我国《土地管理法实施条例》第26条规定:“土地补偿费归农村集体经济组织所有;地上附着物及青苗补偿费归地上附着物及青苗的所有者所有。征用土地的安置补助费必须专款专用,不得挪作他用。需要安置的人员由农村集体经济组织安置的,安置补助费支付给农村集体经济组织,由农村集体经济组织管理和使用;由其他单位安置的,安置补助费支付给安置单位;不需要统一安置的,安置补助费发放给被安置人员个人或者征得被安置人员同意后用于支付被安置人员的保险费用。市、县和乡(镇)人民政府应当加强对安置补助费使用情况的监督。”据此可知,土地补偿安置费用发放应当合法。家里的土地有农作物的,那么上面的地上附着物及青苗补偿费归地上附着物及青苗的所有者所有。其他相关安置补偿费,需要看征地政策,确定由谁负责安置。比如,由村集体负责安置的,相关安置补偿款就支付给村集体,由村集体管理和使用。

10. 农村房屋拆迁的基础知识有哪些

案例

某村村民有个儿子李某,在城里落户后,在街边购了一间门面房,做起了理发的生意。生意的确不错,生活也改善了不少。现在该村的宅基地面临土地征收,同时李某的门面房也因为规划而面临拆迁问题。李某父子想知道,村里面的房子拆迁和城里面的房子拆迁有何不同?

解析

我国《国有土地上房屋征收与补偿条例》第 2 条规定,为了公共利益的需要,征收国有土地上单位、个人的房屋,应当对被征收房屋所有权人给予公平补偿。我国《土地管理法》第 45 条规定,为了公共利益的需要,确需征收农民集体所有的土地的,可以依法实施征收。据此可知,在我国,土地所有权的性质包括国有土地和集体土地两种。相应地,房屋拆迁也有两种,即国有土地上的城市房屋拆迁和集体土地上的房屋拆迁。国有土地上的城市房屋拆迁,是指为了保障国家安全、促进国民经济和社会发展等公共利益的需要,对国有土地上的单位、个人的房屋进行拆迁,并对被拆迁人进行公平补偿的活动。农村集体土地上的房屋拆迁,是指因国家建设征用集体土地或者因农村建设占用集体土地而拆迁房屋,并对被拆迁人进行补偿、安置的活动。

农村房子拆迁和城市房子拆迁,有以下区别:

(1)农村房子拆迁,该房子所占土地是非国有土地,而城市房子拆迁,该房子所占土地是国有土地。

(2)农村房子拆迁,由于房子是建在宅基地之上,而宅基地属于农民集体所有,在拆迁之后,需要转为国有,改变所有权。而城市房子拆迁,房子本身就是建在国有土地之上,所以拆迁之后,只需依法收回土地使用权即可。

(3)农村房子拆迁的法律依据主要是《土地管理法》及各地的具体拆迁补偿政策,而城市房子拆迁的法律依据主要是《国有土地上房屋征收与补偿条例》。

▶ 11. 集体土地房屋拆迁中的当事人有哪些

案例

某村村民有个独生女孙某,将她视为掌上明珠,对她百依百顺。孙某成年之后,父母想把孙某留在身边,就招了一个上门女婿姚某,一家人过得也算融洽。婚后也如愿在村里申请了一处宅基地,7 年后,该村的部分宅基地被征收,其中孙某的宅基地也划在了征收范围之内,但待姚某去村民委员会领取他那份补偿款时,却被村民委员会以上级有禁止入赘婿领取补偿款的文件为由拒绝。集体土地房屋拆迁中的当事人有哪些?

解析

房屋拆迁的当事人包括拆迁人和被拆迁人。

拆迁人,是指依法取得拆迁资格证书,自行或接受有关单位委托对被拆迁人进行拆迁动员,组织签订和实施补偿、安置协议,组织拆除房屋及其附属物的单位。

被拆迁人,是指被拆除房屋及其附属物的所有人和被拆除房屋及其附属物的使用人。被拆迁人可以是对房屋享有所有权的人,即所有人;也可以是对房屋享有合法使用权的人,即使用人;还可以是对房屋享有共有权的人,即共有权人。我国《土地管理法》第 48 条第 1 款规定,征收土地应当给予公平、合理的补偿,保障被征地农民原有生活水平不降低、长远生计有保障。

在我国某些地方,受落后思想的影响,一般都是“男娶女”,女方嫁到男方家组成的家庭模式一直延续至今。但现实生活中,受到各种条件的制约,也会出现男方到女方家庭中的入赘模式,尤其是在农村中,这种模式受人歧视。但是,无论是哪种模式,都属于结婚自由,都受到法律的保障和维护。在农村征地活动中,不能因此就歧视男方。据此可知,本案中提到的所谓补偿款领取文件是违法的,赘婿姚某有权利成为被安置的当事人。

12. 房屋拆迁补偿安置协议有哪些内容

案例

当地政府发布了周某所在村落的拆迁公告以及安置补偿标准。周某想知道,拆迁补偿安置协议主要有哪些内容。

解析

拆迁补偿安置协议是拆迁人与被拆迁人、房屋承租人为明确房屋拆迁补偿安置中的权利义务关系而订立的协议,是约定拆迁当事人之间民事权利义务的合同。根据该协议,被拆迁人腾让房屋使其被拆除、灭失,拆迁人给予相应的作价补偿或实行产权调换予以安置。拆迁人在享有将房屋拆迁付诸实施的权利同时,负有给被拆迁人补偿和安置的义务;被拆迁人享有取得补偿和安置的权利,同时负有在公告规定期内腾房让地的义务。

拆迁补偿安置协议的主要内容有:(1)拆迁补偿方式、货币补偿金额及其支付期限;(2)安置用房面积、标准和地点;(3)产权调换房屋的差价支付方式和期限;(4)搬迁期限、搬迁过渡方式和过渡期限;(5)搬迁补助费和临时安置补助费或停产停业损失费发放标准和支付方式;(6)违约责任和争议解决的方式;(7)当事人约定的其他条款。

▶ 13. 拆迁房建筑面积计算方法有哪些

案例

某村由于市政规划正在拆迁之中,村民李某的宅基地划在拆迁范围内,根据村民委员会通知,过几天就有专业人员上门量房。量房是个重要的事情,直接关系补偿安置方案的落实。村民李某想知道,拆迁房建筑面积是怎样计算的。

解析

我国《土地管理法》第47条规定,国家征收土地的,依照法定程序批准后,由县级以上地方人民政府予以公告并组织实施。县级以上地方人民政府拟申请征收土地的,应当开展拟征收土地现状调查和社会稳定风险评估,并将征收范围、土地现状、征收目的、补偿标准、安置方式和社会保障等在拟征收土地所在的乡(镇)和村、村民小组范围内公告至少30日,听取被征地的农村集体经济组织及其成员、村民委员会和其他利害关系人的意见。

据此可知,在一般情况下,拆迁补偿中认定宅基地上房屋建筑面积,以房屋所有权证标明的面积为准;未取得房屋所有权证但具有规划行政主管部门批准的建房文件的,按照批准的建筑面积认定。如果属于征地拆迁房屋的,补偿标准由乡(民族乡)、镇人民政府根据当地实际情况确定,报区、县人民政府批准后执行;属于占地拆迁房屋的,补偿标准由农村集体经济组织或者村民委员会确定,报乡(民族乡)、镇人民政府批准后执行。

被征地的村或者村民小组建制撤销的,以及建制虽没撤销但不具备易地建房条件的,被拆迁人可以选择货币补偿,也可以选择与货币补偿金额等价值的产权房屋调换。

▶ 14. 宅基地基本知识有哪些

案例

村民李某从小就是个孤儿,是吃百家饭长大的。现在已经成年,为了将来娶上媳妇,准备向村里申请宅基地,但他不清楚宅基地的基本知识有哪些。

解析

我国《土地管理法》第9条第2款规定,农村和城市郊区的土地,除由法律规定属于国家所有的以外,属于农民集体所有;宅基地和自留地、自留山,属于农民集体所有。据此可知,农村宅基地的所有权归农民集体所有。

农村宅基地的所有权属于集体所有,村民个人没有所有权,因而不可以擅自处分;村民只能在法律规定的范围内对宅基地享有占有和使用的权利。

▶ 15. 宅基地建房不可忽略的基础知识

案例

村民李某的宅子还是和妻子结婚的时候,在20世纪70年代盖的,当时只有两口人居住。现在儿子结婚,又生了孙子,祖孙三代住在里面,早就住不下;并且还时不时因为居住的问题吵架拌嘴。为了缓和矛盾,促进家庭和谐,李某琢磨着,向村里再申请一块宅基地。但他不太清楚,到底符合什么条件才能申请宅基地?

解析

农村宅基地使用权,是指村民在依法取得的农村集体经济组织所有的土地上建筑房屋并居住使用的权利。

使用权没有期限限制,同时贯彻无偿使用原则。对于宅基地上的建房,与宅基地使用权同时受法律保护,宅基地使用权人可以自由行使权利。

我国《土地管理法》第62条规定,农村村民一户只能拥有一处宅基地,其宅基地的面积不得超过省、自治区、直辖市规定的标准。

一般情况下,农民符合下列条件之一的,可以申请使用宅基地建房:

(1)居住拥挤,宅基地面积少于规定的限额标准;

(2)确实要分居分家的农户,分家后无宅基地的;

(3)规划新村、镇后需要安排宅基地的;

(4)批准回乡定居的职工、离退休干部、复员退伍军人,以及回乡定居的华侨、侨眷、港澳台同胞等非农业户口人员,需要使用集体所有的土地建住宅的;

(5)原有宅基地被依法征用的;

(6)县级以上人民政府规定的其他条件。

据此可知,本案中,由于李某一家祖孙三代还挤在20世纪70年代的房子里,明显太过拥挤,并导致家庭矛盾,而分家后的李某儿子一家三口,已经没有宅基地,所以李某的儿子一家三口有权利申请宅基地。

▶ 16. 宅基地建房有哪些审批手续流程

案例

村民李某了解到自己家的居住环境很拥挤,人口又多,基本符合申请宅基地的条件,但对于向谁申请,以及具体的审批流程不太了解。宅基地建房有哪些审批手续流程?

解析

我国《土地管理法》第 62 条第 3 款规定:农村村民建住宅,应当符合乡(镇)土地利用总体规划、村庄规划,不得占用永久基本农田,并尽量使用原有的宅基地和村内空闲地。编制乡(镇)土地利用总体规划、村庄规划应当统筹并合理安排宅基地用地,改善农村村民居住环境和条件。

根据《农业农村部、自然资源部关于规范农村宅基地审批管理的通知》的规定,符合宅基地建房申请条件的农民,按照下列程序办理申请用地手续:

农村村民住宅用地,由乡镇政府审核批准;其中,涉及占用农用地的,依照《土地管理法》第 44 条的规定办理农用地转用审批手续。乡镇政府要切实履行属地责任,优化审批流程,提高审批效率,加强事中事后监管,组织做好农村宅基地审批和建房规划许可有关工作,为农民提供便捷高效的服务。(1)明确申请审查程序。符合宅基地申请条件的农户,以户为单位向所在村民小组提出宅基地和建房(规划许可)书面申请。村民小组收到申请后,应提交村民小组会议讨论,并将申请理由、拟用地位置和面积、拟建房层高和面积等情况在本小组范围内公示。公示无异议或异议不成立的,村民小组将农户申请、村民小组会议记录等材料交村集体经济组织或村民委员会(以下简称村级组织)审查。村级组织重点审查提交的材料是否真实有效、拟用地建房是否符合村庄规划、是否征求了用地建房相邻权利人意见等。审查通过的,由村级组织签署意见,报送乡镇政府。没有分设村民小组或宅基地和建房申请等事项已统一由村级组织办理的,农户直接向村级组织提出申请,经村民代表会议讨论通过并在本集体经济组织范围内公示后,由村级组织签署意见,报送乡镇政府。(2)完善审核批准机制。市、县人民政府有关部门要加强对宅基地审批和建房规划许可有关工作的指导,乡镇政府要探索建立一个窗口对外受理、多部门内部联动运行的农村宅基地用地建房联审联办制度,方便农民群众办事。公布办理流程和要件，明确农业农村、自然资源等有关部门在材料审核、现场勘查等各环节的工作职责和办理期限。审批工作中，农业农村部门负责审查申请人是否符合申请条件、拟用地是否符合宅基地合理布局要求和面积标准、宅基地和建房（规划许可）申请是否经过村组审核公示等，并综合各有关部门意见提出审批建议。自然资源部门负责审查用地建房是否符合国土空间规划、用途管制要求，其中涉及占用农用地的，应在办理农用地转用审批手续后，核发乡村建设规划许可证；在乡、村庄规划区内使用原有宅基地进行农村村民住宅建设的，可按照本省（区、市）有关规定办理规划许可。涉及林业、水利、电力等部门的要及时征求意见。根据各部门联审结果，由乡镇政府对农民宅基地申请进行审批，出具《农村宅基地批准书》，鼓励地方将乡村建设规划许可证由乡镇一并发放，并以适当方式公开。乡镇要建立宅基地用地建房审批管理台账，有关资料归档留存，并及时将审批情况报县级农业农村、自然资源等部门备案。（3）严格用地建房全过程管理。全面落实“三到场”要求。收到宅基地和建房（规划许可）申请后，乡镇政府要及时组织农业农村、自然资源部门实地审查申请人是否符合条件、拟用地是否符合规划和地类等。经批准用地建房的农户，应当在开工前向乡镇政府或授权的牵头部门申请划定宅基地用地范围，乡镇政府及时组织农业农村、自然资源等部门到现场进行开工查验，实地丈量批放宅基地，确定建房位置。农户建房完工后，乡镇政府组织相关部门进行验收，实地检查农户是否按照批准面积、四至等要求使用宅基地，是否按照批准面积和规划要求建设住房，并出具《农村宅基地和建房（规划许可）验收意见表》。通过验收的农户，可以向不动产登记部门申请办理不动产登记。各地要依法组织开展农村用地建房动态巡查，及时发现和处置涉及宅基地使用和建房规划的各类违法违规行为。指导村级组织完善宅基地民主管理程序，探索设立村级宅基地协管员。

▶ 17. 村民最多能拥有几处宅基地

案例

某村村民胡某有一处宅基地,婚后生有3个儿子,孩子小的时候还好说,但孩子一天一天长大,三个儿子不可能一直挤在这一处宅基地。但他听说,一户只能申请一处宅基地,那岂不是这一大家子人都要挤在这一处宅基地吗?

解析

我国《土地管理法》第62条第1款规定,农村村民一户只能拥有一处宅基地,并且其宅基地的面积不得超过省、自治区、直辖市规定的标准。但是,胡某的3个儿子成年后,可以各自申请一处宅基地,胡某的担心是多余的。

▶ 18. 违法占地建房,后果严重

案例

某市正在治理群租房,经当地群众举报,某城乡接合部一处民宅被当作集体宿舍出租。执法部门按照线索来到出租房内,经过调查得知,这一处住宅是一个新盖的二层小楼,所占之地为村民李某的耕地,李某嫌耕地不挣钱,就打起了违法占地建房挣租金的想法。李某这种违法占地建房的行为,将承担什么法律责任?

解析

我国《土地管理法》第77条第1款规定,未经批准或者采取欺骗手段骗取批准,非法占用土地的,由县级以上人民政府自然资源主管部门责令退还非法占用的土地,对违反土地利用总体规划擅自将农用地改为建设

用地的，限期拆除在非法占用的土地上新建的建筑物和其他设施，恢复土地原状，对符合土地利用总体规划的，没收在非法占用的土地上新建的建筑物和其他设施，可以并处罚款；对非法占用土地单位的直接负责的主管人员和其他直接责任人员，依法给予处分；构成犯罪的，依法追究刑事责任。

据此可知，李某的行为违法。李某违建，将面临拆除且罚款的法律责任；如果公安机关对其立案，他还有被追究刑事责任的法律风险。

▶ 19. 在宅基地里挖到的"埋藏物"归谁

案例

村民李某居住的宅子是一个老宅子，有好几十年的历史，久经风雨，已经摇摇欲坠。为了避免出现危险，李某赶紧申请了对宅基地的翻建，手续很快批了下来。李某雇用了几个工人翻建房屋；在宅基地翻建房屋的过程中，挖出了一些坛子、罐子之类的东西，后经懂行的人看了，说是清代的。李某等人知道这可能是古董。这些在自家宅基地里发现的埋藏物归谁呢？

解析

我国《民法典》第314条规定："拾得遗失物，应当返还权利人。拾得人应当及时通知权利人领取，或者送交公安等有关部门。"第318条规定："遗失物自发布招领公告之日起一年内无人认领的，归国家所有。"第319条规定："拾得漂流物、发现埋藏物或者隐藏物的，参照适用拾得遗失物的有关规定。法律另有规定的，依照其规定。"

本案中，李某等人应当将埋藏物交给公安机关；如果没人认领，1年以后就归国家所有。

20. 国家可以收走宅基地吗

案例

村民王某一家世代居住在某宅基地里,祖祖辈辈都过着面朝黄土背朝天的农家日子,虽然日子过得不富裕,但每天也能吃饱饭、睡好觉,一家人也很知足。最近,王某的宅基地因国家建设需要被划入了征地范围,王某需要服从国家关于征地的安排吗?

解析

我国《土地管理法》第45条规定:为了公共利益的需要,有下列情形之一,确需征收农民集体所有的土地的,可以依法实施征收:(1)军事和外交需要用地的;(2)由政府组织实施的能源、交通、水利、通信、邮政等基础设施建设需要用地的;(3)由政府组织实施的科技、教育、文化、卫生、体育、生态环境和资源保护、防灾减灾、文物保护、社区综合服务、社会福利、市政公用、优抚安置、英烈保护等公共事业需要用地的;(4)由政府组织实施的扶贫搬迁、保障性安居工程建设需要用地的;(5)在土地利用总体规划确定的城镇建设用地范围内,经省级以上人民政府批准由县级以上地方人民政府组织实施的成片开发建设需要用地的;(6)法律规定为公共利益需要可以征收农民集体所有的土地的其他情形。前款规定的建设活动,应当符合国民经济和社会发展规划、土地利用总体规划、城乡规划和专项规划;第4项、第5项规定的建设活动,还应当纳入国民经济和社会发展年度计划;第5项规定的成片开发并应当符合国务院自然资源主管部门规定的标准。

据此可知,宅基地使用权人在使用宅基地时,应当遵守国家法律的规定,服从国家建设的需要。如果宅基地因国家建设需要而被征用,或者根据村镇建设规划需要改变用途时,应当服从国家的需要和村镇建设规划的要求，并经法定程序由农村集体进行重新安排或合理调剂。

▶ 21. 农村房子转让必须了解的知识

案例

村民叶某，因为家里人口多，但又不符合申请宅基地的条件，所以想在村里有出售意向的人家购买一处宅子供居住生活之用。但听人说，宅基地买卖不是签合同那么简单，还需要办理宅基地的变更登记；否则，不具有法律效力，是这样吗？

解析

我国《民法典》第365条规定，已经登记的宅基地使用权转让或者消灭的，应当及时办理变更登记或者注销登记。根据《土地管理法实施条例》第6条规定，依法改变土地所有权、使用权的，因依法转让地上建筑物、构筑物等附着物导致土地使用权转移的，必须向土地所在地的县级以上人民政府土地行政主管部门提出土地变更登记申请，由原土地登记机关依法进行土地所有权、使用权变更登记。土地所有权、使用权的变更，自变更登记之日起生效。依法改变土地用途的，必须持批准文件，向土地所在地的县级以上人民政府土地行政主管部门提出土地变更登记申请，由原土地登记机关依法进行变更登记。

据此可知，叶某可以买卖同村宅基地上的房屋，但一定记得向土地所在地的县级以上人民政府土地行政主管部门提出土地变更登记申请，由原土地登记机关依法进行宅基地使用权变更登记。

宅基地使用权的转移不经变更登记，不具有法律效力。不依照上述规定办理宅基地使用权变更登记手续的，其宅基地使用权的转移属于违法行为，不但不受法律保护，还要承担相应的责任。

22. 村民子女已经转为城镇户口,其父母去世后,宅基地房屋能继承吗

案例

村民王某曾经是村里的小学老师,一辈子教书育人,也把自己的两个子女培养成了大学生。这两个孩子大学毕业后,都落户到城里,从农业户口变成城镇户口。现在王某已经70多岁了,不知道将来会怎么处理自己的宅子,毕竟子女都是城镇户口了。王某这套宅基地房屋,将来能被子女继承吗?

解析

房屋可以继承。我国《不动产登记操作规范(试行)》第10.3.5条规定,已拥有一处宅基地的本集体经济组织成员、非集体经济组织成员的农村或城镇居民,因继承取得宅基地使用权及房屋所有权的,在不动产权属证书附记栏记载该权利人为本农民集体原成员住宅的合法继承人。据此可知,王某的子女已转为城镇户口,在农村的父母去世后,其宅基地使用权应当交还农村集体经济组织。如果房屋还存在,其房屋是个人私有财产,王某的宅基地允许房屋继承人也就是他的两个子女通过继承继续使用。

(二)典型案例

案例一

案情

某市原本属于重工业城市,后因环保需要,该市的工业企业,比如钢厂、电厂、铁厂等传统工业企业,不是减产停业就是搬家。2018年新上任的领导班子,准备将该市转型为园林城市,于是大力发展旅游文化产业。某村的地段在交通方面极具优势,在招商引资的过程中,一家文化传媒公司相中了某村的土地,但由于手续不全,在当地政府的默许下,该文化传媒公司在该村承包了部分土地,期限为20年。但令当地村民没想到的是,2019年,被承包的地块,在当地政府和该文化传媒公司的串通下,获得了省级政府的征地批文,但一直没有跟当地村民公布,而征地安置等费用,更是没有向当地村民支付,这相当于只用了租金的价格,就获得了该村部分土地的所有权。

案件结果

依法查处。国家机关工作人员批准"以租代征"占地建设的,要追究其非法批地的法律责任;涉嫌犯罪的,要及时移送司法机关依法处理;应给予政纪处分的,根据《行政机关公务员处分条例》等规定办理。

解析

本案属于典型的"假租真征",即表面上看,是以承租的形式,临时占用土地,实质上却是在规避土地用途管理制度、农用地转用的总量控制制度、征地审批程序,从而达到占用农民集体所有的土地来搞非农业建设的目的。

我国《土地管理法》第47条规定:"国家征收土地的,依照法定程序批准后,由县级以上地方人民政府予以公告并组织实施。县级以上地方人民政府拟申请征收土地的,应当开展拟征收土地现状调查和社会稳定风险评估,并将征收范围、土地现状、征收目的、补偿标准、安置方式和社会保障等在拟征收土地所在的乡(镇)和村、村民小组范围内公告至少三十日,听取被征地的农村集体经济组织及其成员、村民委员会和其他利害关系人的意见。多数被征地的农村集体经济组织成员认为征地补偿安置方案不符合法律、法规规定的,县级以上地方人民政府应当组织召开听证会,并根据法律、法规的规定和听证会情况修改方案。拟征收土地的所有权人、使用权人应当在公告规定期限内,持不动产权属证明材料办理补偿登记。县级以上地方人民政府应当组织有关部门测算并落实有关费用,保证足额到位,与拟征收土地的所有权人、使用权人就补偿、安置等签订协议;个别确实难以达成协议的,应当在申请征收土地时如实说明。相关前期工作完成后,县级以上地方人民政府方可申请征收土地。"第48条规定:"征收土地应当给予公平、合理的补偿,保障被征地农民原有生活水平不降低、长远生计有保障。征收土地应当依法及时足额支付土地补偿费、安置补助费以及农村村民住宅、其他地上附着物和青苗等的补偿费用,并安排被征地农民的社会保障费用。征收农用地的土地补偿费、安置补助费标准由省、自治区、直辖市通过制定公布区片综合地价确定。制定区片综合地价应当综合考虑土地原用途、土地资源条件、土地产值、土地区位、土地供求关系、人口以及经济社会发展水平等因素,并至少每三年调整或者重新公布一次。征收农用地以外的其他土地、地上附着物和青苗等的补偿标准,由省、自治区、直辖市制定。对其中的农村村民住宅,应当按照先补偿后搬迁、居住条件有改善的原则,尊重农村村民意愿,采取重新安排宅基地建房、提供安置房或者货币补偿等方式给予公平、合理的补偿,并对因征收造成的搬迁、临时安置等费用予以补偿,保障农村村民居住的权利和合法的住房财产权益。”

本案中,当地政府获得省政府批文后,没有按照法律规定履行征地各项程序,更没有对村民进行征地补偿。这种通过“假租真征”的方式占用农民集体所有的土地用于非农业建设的,是违法行为。

另外,2006 年国务院《关于加强土地调控有关问题的通知》以及 2007 年国务院办公厅《关于严格执行有关农村集体建设用地法律和政策的通知》中也明确规定,严禁利用“假租真征”等方式,使用农民集体所有的农业用地进行非农业建设。

案 例 二

案情

2019 年 7 月,某市某村的 21 户农民在与该市发改委关于征地补偿的纠纷诉讼中得知,早在 2017 年 5 月,该市国土资源局就通过与村民委员会签订了关于该村集体土地所有收归国有的合同,将该村的农民集体土地收归国有。21 户农民在之后与该市国土资源局的诉讼中又得知,2017 年 5 月国土资源局之所以与村民委员会签订收回集体土地的合同,根据的是该市政府《加快城中村改造的实施意见书》,其中更是规定:“将某村作为加快城中村改造的试点村,将该村所有尚未农转非的村民全部转为城市居民,将该村农民集体所有的土地转为国有土地。”

案件结果

经查,仅凭一纸《加快城中村改造实施意见书》就收回 21 户农民集体所有的土地的行为系违法行为,应依法予以纠正。

解析

地方政府通过"城中村"等形式将农民集体所有土地进行所谓的依法收归国有,明显违反我国《土地管理法》第44条、第45条、第46条中关于农民集体所有的土地的征收审批程序相关规定。现实生活中,农民基本上都是在面临拆迁的时候,才知道土地已经被征收,从农民集体所有的土地转变成国有土地。根据我国法律相关规定,凡占用农用地的必须依法办理审批手续;禁止擅自通过"村改居"等方式将农民集体所有土地转为国有土地;禁止农村集体经济组织非法出让、出租集体土地用于非农业建设。

案例三

案情

村民李某曾经在2010年与村民委员会签订《土地承包合同》,用于农作物种植,合同约定承包期限是30年。当年,政府也向其颁发了《土地承包经营权证书》。2017年,李某为了孩子的学业,举家将户口迁往小城镇,变为城镇户口。2018年,该市为了大力发展轨道交通,将李某承包的土地征收为国有土地。但李某却被村民委员会告知,由于户口已经迁出本村,所以无权获得任何补偿。

案件结果

李某依法向当地人民法院提起诉讼。人民法院依法认可李某主张获得补偿款的诉讼请求。

解析

人们通常认为,转为非农业户口之后,其所承包的耕地等农用地会被收回,但凡事总有例外。我国《土地承包法》第27条规定:"承包期内,发包方不得收回承包地。国家保护进城农户的土地承包经营权。不得以退出土地承包经营权作为农户进城落户的条件。承包期内,承包农户进城落户的,引导支持其按照自愿有偿原则依法在本集体经济组织内转让土地承包经营权或者将承包地交回发包方,也可以鼓励其流转土地经营权。承包期内,承包方交回承包地或者发包方依法收回承包地时,承包方对其在承包地上投入而提高土地生产能力的,有权获得相应的补偿。”本案中,在没有被剥夺承包人资格和承包合同内的土地的情况下,村民委员会应当给予原本属于李某的补偿款。

五、农民行政、人格及侵权纠纷权益保护

(一)农民行政、人格及侵权纠纷权益保护法律知识

1."民告官",向哪个法院起诉

案例

村民王某和李某已经结婚十几年,突然有一天,王某发现和老公李某的结婚证上,竟然显示的是别人的身份证信息,遂要求当地民政局予以纠正。但民政部门以办事程序合法,没有过错为由拒绝更正。王某想起诉当地民政部门,可以向哪个法院起诉?

解析

我国《行政诉讼法》第14~18条规定:基层人民法院管辖第一审行政案件。中级人民法院管辖下列第一审行政案件:(1)对国务院部门或者县级以上地方人民政府所作的行政行为提起诉讼的案件;(2)海关处理的案件;(3)本辖区内重大、复杂的案件;(4)其他法律规定由中级人民法院管辖的案件。高级人民法院管辖本辖区内重大、复杂的第一审行政案件。最高人民法院管辖全国范围内重大、复杂的第一审行政案件。行政案件由最初作出行政行为的行政机关所在地人民法院管辖。经复议的案件,也可以由复议机关所在地人民法院管辖。

本案中,王某可以向民政部门所在地的基层人民法院提起行政诉讼。

2. 哪些事法院不管

案例

村民王某一不种地,二不务工,给人一种游手好闲的感觉,但人家不上班,却还有经济来源,后来人们才知道,他是把自家的宅基地住宅当作出租屋出租出去了。由于他们村地处城乡接合部,所以有很多饭店来他们村找房子当集体宿舍。后来当地政府为了整治群租房的非法行为,在全市范围内发布了关于整治群租房的决定。王某一看这决定断了自己的财路,非常不满意。他能否针对该行政决定提起行政诉讼?

解析

我国《行政诉讼法》第13条规定,人民法院不受理公民、法人或者其他组织对下列事项提起的诉讼:(1)国防、外交等国家行为;(2)行政法规、规章或者行政机关制定、发布的具有普遍约束力的决定、命令;(3)行政机关对行政机关工作人员的奖惩、任免等决定;(4)法律规定由行政机关最终裁决的行政行为。

《行政诉讼法》第12条规定,人民法院受理公民、法人或者其他组织提起的下列诉讼:(1)对行政拘留、暂扣或者吊销许可证和执照、责令停产停业、没收违法所得、没收非法财物、罚款、警告等行政处罚不服的;(2)对限制人身自由或者对财产的查封、扣押、冻结等行政强制措施和行政强制执行不服的;(3)申请行政许可,行政机关拒绝或者在法定期限内不予答复,或者对行政机关作出的有关行政许可的其他决定不服的;(4)对行政机关作出的关于确认土地、矿藏、水流、森林、山岭、草原、荒地、滩涂、海域等自然资源的所有权或者使用权的决定不服的;(5)对征收、征用决定及其补偿决定不服的;(6)申请行政机关履行保护人身权、财产权等合法权益的法定职责,行政机关拒绝履行或者不予答复的;

(7)认为行政机关侵犯其经营自主权或者农村土地承包经营权、农村土地经营权的;(8)认为行政机关滥用行政权力排除或者限制竞争的;(9)认为行政机关违法集资、摊派费用或者违法要求履行其他义务的;(10)认为行政机关没有依法支付抚恤金、最低生活保障待遇或者社会保险待遇的;(11)认为行政机关不依法履行、未按照约定履行或者违法变更、解除政府特许经营协议、土地房屋征收补偿协议等协议的;(12)认为行政机关侵犯其他人身权、财产权等合法权益的。除前款规定外,人民法院受理法律、法规规定可以提起诉讼的其他行政案件。据此可知,王某不可以对当地政府发布的关于整治群租房的决定提起行政诉讼。

3. 房产诉讼找哪个法院起诉

案例

某村正在办理宅基地确权的事情,很多村民都很高兴,拿到了梦寐以求的红本——宅基地使用证。村民王某却很郁闷,他的确权申请书,被当地土地部门以违建为由给否决了。为此,他准备起诉当地政府部门。他想知道该去哪个法院起诉。

解析

我国《行政诉讼法》第20条规定:“因不动产提起的行政诉讼,由不动产所在地人民法院管辖。”实践中,因不动产纠纷提起的诉讼,主要包括不动产的所有权、使用权、占有等发生纠纷而提起的诉讼。因为不动产所在地的法院更了解当地的情况,既方便当事人在当地诉讼,也有助于法官查清案情,所以本案中,王某曾经向当地土地管理部门申请宅基地确权,但被以存在违建行为为由否决了,为了维护自身权益,他可以向宅基地房屋所在地法院起诉。

4. 行政行为的相对人的家属可以提起行政诉讼吗

案例

某地“110”报警中心接到当地群众举报,说某村有个地下赌场正在聚众赌博,遂指派当地派出所出警抓赌。这个地下赌场处于某村的二层小楼里面,很多赌徒都想通过二楼的窗户逃跑。村民王某正在这个地下赌场里玩纸牌赌博,见有警察抓赌,遂跑向二楼准备逃跑,但在逃跑的过程中坠亡。王某的家属认为,如果没有警察抓赌,就不会导致王某坠亡。王某的家属可以起诉公安部门吗?

解析

我国《行政诉讼法》第25条、第26条规定,行政行为的相对人以及其他与行政行为有利害关系的公民、法人或者其他组织,有权提起诉讼。有权提起诉讼的公民死亡,其近亲属可以提起诉讼。有权提起诉讼的法人或者其他组织终止,承受其权利的法人或者其他组织可以提起诉讼。两个以上行政机关作出同一行政行为的,共同作出行政行为的行政机关是共同被告。行政机关委托的组织所作的行政行为,委托的行政机关是被告。行政机关被撤销或者职权变更的,继续行使其职权的行政机关是被告。

王某参与赌博是一种违法行为,其坠亡后,家属虽然有起诉的资格,但警察执法有据,属于合法执法行为。

5. 提起行政诉讼需要符合哪些条件

案例

村民李某在自家蔬菜大棚里面种植了很多蔬菜瓜果,他经常会骑着三轮车去镇里的农贸市场旁边摆路边摊贩卖蔬菜瓜果。在一次城管执法过程中,双方先是动嘴,后是动手,李某和城管队员都不同程度受伤,李某准备起诉城管部门。他的起诉需要符合哪些条件?

解析

我国《行政诉讼法》第49条规定,提起诉讼应当符合下列条件:(1)原告是认为行政行为侵犯其合法权益的公民、法人或者其他组织;(2)有明确的被告;(3)有具体的诉讼请求和事实根据;(4)属于人民法院受案范围和受诉人民法院管辖。

《行政诉讼法》第44条规定,对属于人民法院受案范围的行政案件,公民、法人或者其他组织可以先向行政机关申请复议,对复议决定不服的,再向人民法院提起诉讼;也可以直接向人民法院提起诉讼。法律、法规规定应当先向行政机关申请复议,对复议决定不服再向人民法院提起诉讼的,依照法律、法规的规定。本案中,李某因城管队员市场管理产生纠纷,可以提起行政诉讼。

6. 申请行政复议,需要符合什么条件

案例

有人报警称,村民刘某有酒后驾车肇事后逃逸的行为,警察通过监控录像找到刘某,刘某承认肇事后逃逸,但对酒驾矢口否认。由于时间已经过去24小时,无法从其身体状况判断其是否饮过酒。但当晚刘某去过的一家饭店的监控显示,刘某和友人聚会的桌子上的确放着酒水,某交警部门据此推论刘某有酒驾的行为,遂对其作出行政拘留的处罚决定。但刘某主张,监控只拍到饭桌上有酒水,并未拍到其有饮酒的行为,不服该交警部门的行政处罚决定。刘某是否可以提起行政复议?

解析

我国《行政复议法》第 6 条规定:“有下列情形之一的,公民、法人或者其他组织可以依照本法申请行政复议:(一)对行政机关作出的警告、罚款、没收违法所得、没收非法财物、责令停产停业、暂扣或者吊销许可证、暂扣或者吊销执照、行政拘留等行政处罚决定不服的;(二)对行政机关作出的限制人身自由或者查封、扣押、冻结财产等行政强制措施决定不服的;(三)对行政机关作出的有关许可证、执照、资质证、资格证等证书变更、中止、撤销的决定不服的;(四)对行政机关作出的关于确认土地、矿藏、水流、森林、山岭、草原、荒地、滩涂、海域等自然资源的所有权或者使用权的决定不服的;(五)认为行政机关侵犯合法的经营自主权的;(六)认为行政机关变更或者废止农业承包合同,侵犯其合法权益的;(七)认为行政机关违法集资、征收财物、摊派费用或者违法要求履行其他义务的;(八)认为符合法定条件,申请行政机关颁发许可证、执照、资质证、资格证等证书,或者申请行政机关审批、登记有关事项,行政机关没有依法办理的;(九)申请行政机关履行保护人身权利、财产权利、受教育权利的法定职责,行政机关没有依法履行的;(十)申请行政机关依法发放抚恤金、社会保险金或者最低生活保障费,行政机关没有依法发放的;(十一)认为行政机关的其他具体行政行为侵犯其合法权益的。”

《行政复议法》第 9 条规定:“公民、法人或者其他组织认为具体行政行为侵犯其合法权益的,可以自知道该具体行政行为之日起六十日内提出行政复议申请;但是法律规定的申请期限超过六十日的除外。因不可抗力或者其他正当理由耽误法定申请期限的,申请期限自障碍消除之日起继续计算。”

本案中,刘某逃逸后,警察根据饭店监控推论得出刘某有醉驾的行为,遂对其作出行政处罚。刘某认为警察的依据不足,仅凭推理就作出行政处罚的决定,显然不符合上述法律规定,所以不服交警对其作出的行政处罚决定,刘某可以依法提起行政复议。

7. 行政复议都有哪些结果

案例

村民高某乘坐公交车时,因没站稳,与同村的乘客刘某发生肢体摩擦,刘某说高某对其性骚扰,但高某辩解,自己是因为机动车制动的时候没站稳,所以触碰到刘某身体。刘某报警后,警察查看公交车监控,监控显示的画面,无法确定高某是否存在性骚扰的行为,遂未对高某作出任何处理。刘某认为警察不作为,准备提起行政复议。她申请的行政复议,可能会有哪几种结果?

解析

我国《行政复议法》第28条规定:"行政复议机关负责法制工作的机构应当对被申请人作出的具体行政行为进行审查,提出意见,经行政复议机关的负责人同意或者集体讨论通过后,按照下列规定作出行政复议决定:(一)具体行政行为认定事实清楚,证据确凿,适用根据正确,程序合法,内容适当的,决定维持;(二)被申请人不履行法定职责的,决定其在一定期限内履行;(三)具体行政行为有下列情形之一的,决定撤销、变更或者确认该具体行政行为违法;决定撤销或者确认该具体行政行为违法的,可以责令被申请人在一定期限内重新作出具体行政行为:1. 主要事实不清、证据不足的;2. 适用根据错误的;3. 违反法定程序的;4. 超越或者滥用职权的;5. 具体行政行为明显不当的。(四)被申请人不按照本法第二十三条的规定提出书面答复、提交当初作出具体行政行为的证据、根据和其他有关材料的,视为该具体行政行为没有证据、根据,决定撤销该具体行政行为。行政复议机关责令被申请人重新作出具体行政行为的,被申请人不得以同一的事实和理由作出与原具体行政行为相同或者基本相同的具体行政行为。”据此可知,刘某如提起行政复议,如复议机关认可刘某的申请,可以要求当地公安部门在一定期限内依法处理;如复议机关不认可刘某的申请,将会维持案情中公安部门的做法。

8. 行政机关违法侵权要赔偿

案例

村民李某通过合法手续,申请批建了一处宅基地,已经居住有四五年的时间。李某父母的宅基地,在手续上存在瑕疵,但一直住着。某天,当地政府因规划需求,对该村部分宅基地进行征收,李某自己的宅基地刚好划在红线范围之内。而李某父母的宅基地,却在红线之外。由于李某不同意当地拆迁部门给出的补偿方案,所以一直没有签署安置补偿协议。由于拆迁日期临近,拆迁部门的一个负责人找到李某,威胁说,如果李某执意不同意签署安置补偿协议,便要拆除李某父母的房屋。李某对此无动于衷。几日后,当地拆迁部门在没有任何手续的情况下,对李某父母的房屋采取强拆措施并造成李某父母家的房屋设施、家具和电器等不同程度的受损。在这种情况下,李某父母是否可以申请赔偿?

解析

我国《国家赔偿法》第4条规定:“行政机关及其工作人员在行使行政职权时有下列侵犯财产权情形之一的,受害人有取得赔偿的权利:(一)违法实施罚款、吊销许可证和执照、责令停产停业、没收财物等行政处罚的;(二)违法对财产采取查封、扣押、冻结等行政强制措施的;(三)违法征收、征用财产的;(四)造成财产损害的其他违法行为。”

行政赔偿,指的是国家行政机关及其工作人员在行使职权的过程中侵犯公民、法人或其他组织的合法权益且造成损害后果的,由国家承担赔偿责任的制度。本案中,当地拆迁部门为了达到拆迁目的,在未与李某达成拆迁协议的情况下，为了逼迫其就范，违法拆除虽然在手续上有瑕疵但并不是违建的李某父母的房子，且在强拆过程中导致李某父母的财产受损，依法应当对李某父母财产损失给予赔偿。

▶ 9. 人格权包括哪些具体权利

案例

村民李某从小的时候就因为走路一瘸一拐被人嘲笑，现在到了娶媳妇的年纪，就找同村的媒婆胡某帮其介绍对象。胡某为李某介绍了十几位相亲对象，都以失败告终，并且有很多相亲对象嘲笑李某残疾，并且言语中充满了侮辱意味。李某是否可以维护自己的权利？

解析

我国《民法典》第 990 条规定，人格权是民事主体享有的生命权、身体权、健康权、姓名权、名称权、肖像权、名誉权、荣誉权、隐私权等权利。除前款规定的人格权外，自然人享有基于人身自由、人格尊严产生的其他人格权益。

据此可知，人格权，指的是为自然人所固有且由法律直接赋予自然人所享有的各种人身权利。本案中，相亲对象对李某的嘲笑行为，属于贬低李某人格，降低其社会评价，使其尊严受到侮辱，典型的侵犯名誉权的行为。在相亲过程中，被相亲对象嘲笑，其名誉权受到侵害，应当被依法制止，且行为方应承担赔偿责任。

▶ 10. 村民去世后被侮辱，怎么办

案例

村民胡某在当村民委员会主任的时候，因为土地承包问题，与村民李某发生过纠纷。时隔多年，李某一直怀恨在心，胡某活着的时候，两人没少

拌嘴,现在胡某去世了,李某更是肆无忌惮地在村里宣扬胡某在当村民委员会主任的时候,多次贪污公款。胡某的家属非常生气,能否替胡某维护名誉?

解析

我国《民法典》第994条规定,死者的姓名、肖像、名誉、荣誉、隐私、遗体等受到侵害的,其配偶、子女、父母有权依法请求行为人承担民事责任;死者没有配偶、子女且父母已经死亡的,其他近亲属有权依法请求行为人承担民事责任。据此可知,虽然胡某已经去世,但其人格权也是受到法律保护的,其家属包括配偶、子女、父母有权通过诉讼,要求侵权人承担民事责任。

▶ 11. 要求对方赔礼道歉,多久之内要求有效

案例

女村民高某很漂亮,被全村的人称为"村花",后经人介绍,与邻村的李某结婚。可婚后7天,李某就因为交通事故去世。这件事传到高某的村子后,就有风言风语传出来,说高某,别看长得漂亮,其实就是个"克夫"命,谁娶了她,谁家倒霉。这让本来就刚丧偶的高某更加难受。但一时半会儿,找不出造谣者是谁。如果找到造谣者,起诉要求其赔礼道歉,这有时间限制吗?

解析

我国《民法典》第995条规定,人格权受到侵害的,受害人有权依照本法和其他法律的规定请求行为人承担民事责任。受害人的停止侵害、排除妨碍、消除危险、消除影响、恢复名誉、赔礼道歉请求权,不适用诉讼时效的规定。据此可知,人格权一旦受到侵犯,不受诉讼时效的限制,只要找出造谣者,高某可以去法院起诉。

▶ 12. 仅存的照片被弄丢了，可以要求精神损害赔偿吗

案例

村民周某的父亲早就去世了。由于父亲留下的照片只有一张，所以他很珍惜。但这张照片的拍摄年代太久远，已经很旧。他听说镇上的照相馆有修复的业务，便将这张照片交给照相馆修复。但天有不测风云，这张照片竟然被照相馆弄丢了。照相馆按照与周某签署的协议，对其赔偿两倍的修复服务费。然而，周某认为，这赔偿根本不能弥补自己的损失。他还可以要求照相馆承担精神损害赔偿吗？

解析

我国《民法典》第996条规定，因当事人一方的违约行为，损害对方人格权并造成严重精神损害，受损害方选择请求其承担违约责任的，不影响受损害方请求精神损害赔偿。据此可知，周某父亲去世后，因为照片只有一张，毁损后，具有难以弥补的结果，因此周某在精神上受到损害是必然的，所以，他可以起诉要求照相馆承担精神损害赔偿。

▶ 13. 造谣者拒不道歉，该怎么办

案例

女村民高某丧偶后，终于找到了村里的造谣者是女村民陈某。她因为妒忌高某追求者很多，所以造谣。高某将陈某起诉到法院，要求其赔礼道歉。后法院判决陈某向高某赔礼道歉。可判决书作出后，陈某拒绝道歉。这该怎么办？

解析

我国《民法典》第1000条规定，行为人因侵害人格权承担消除影响、

恢复名誉、赔礼道歉等民事责任的,应当与行为的具体方式和造成的影响范围相当。行为人拒不承担前款规定的民事责任的,人民法院可以采取在报刊、网络等媒体上发布公告或者公布生效裁判文书等方式执行,产生的费用由行为人负担。据此可知,陈某散布谣言侵犯高某名誉权,理应向高某赔礼道歉。如果她拒绝履行判决书中关于赔礼道歉的义务,那么人民法院可以通过报刊、互联网等媒体发布判决书等内容,由此产生的相关费用,将由陈某负担。

14. 超市保安可以随便搜身吗

案例

过年时,村民王某去镇上的超市购置年货。超市保安怀疑王某偷窃,要求对其搜身检查。这让王某很生气,他拒绝搜身,但保安还是强行对其搜身。保安并未在王某身上找到所谓的“赃物”。超市保安有权强行搜身吗?

解析

我国《民法典》第1011条规定,以非法拘禁等方式剥夺、限制他人的行动自由,或者非法搜查他人身体的,受害人有权依法请求行为人承担民事责任。据此可知,超市保安无权强行搜身。王某可以要求超市保安赔礼道歉并承担精神损害赔偿责任。

15. “配阴婚”是否合法

案例

村民李某的女儿20余岁,在一起交通事故中去世。后在筹办丧礼的时候,邻村的叶某找到李某说,他们村一个姓高的人家的儿子去世,现在准备给孩子“配阴婚”,李某女儿去世了,正好可以“配阴婚”,并且高某家愿意出5万元购买尸体。一向有着“重男轻女”思想的李某根本没考虑，就答应了。他们的协议有效吗？

解析

我国《民法典》第1007条规定，禁止以任何形式买卖人体细胞、人体组织、人体器官、遗体。违反前款规定的买卖行为无效。据此可知，他们的协议无效。某些地方还保留着“配阴婚”的陋习。人去世后，遗体依然受到法律调整，不得随意买卖，因此本案中李某卖女儿遗体的行为是不合法的，应当被制止。

▶ 16. 在村办企业被骚扰了，企业有义务处置吗

案例

女村民高某，自从丧偶后就回到娘家居住。该村新成立一家以农产品加工为主业的村办企业，正好缺名会计，高某就去应聘了。在该村办企业上了一个月班之后，高某发现领导李某经常对她动手动脚，这让高某很是苦恼。单位有义务处置此事吗？

解析

我国《民法典》第1010条规定，违背他人意愿，以言语、文字、图像、肢体行为等方式对他人实施性骚扰的，受害人有权依法请求行为人承担民事责任。机关、企业、学校等单位应当采取合理的预防、受理投诉、调查处置等措施，防止和制止利用职权、从属关系等实施性骚扰。

据此可知，有的人会利用从属关系等手段侵犯和骚扰下属。针对这种骚扰，《民法典》已经对用人单位的处置义务明确作出规定，用人单位有义务替员工出头，制止性骚扰行为。

17. 可以随便改姓名吗

案例

村民王某非常喜欢上网,给自己起了一个“狗酱”的网名,并以此网名发布一些诙谐搞笑的视频,一时间在网上很火。他决定改名为“狗酱”,但派出所拒绝他改成这个姓名。姓名可以随便更改吗?

解析

我国《民法典》第1012条规定,自然人享有姓名权,有权依法决定、使用、变更或者许可他人使用自己的姓名,但是不得违背公序良俗。第1015条规定,自然人应当随父姓或者母姓,但是有下列情形之一的,可以在父姓和母姓之外选取姓氏:(1)选取其他直系长辈血亲的姓氏;(2)因由法定扶养人以外的人扶养而选取扶养人姓氏;(3)有不违背公序良俗的其他正当理由。少数民族自然人的姓氏可以遵从本民族的文化传统和风俗习惯。

本案中,王某想把自己的姓名改成“狗酱”,明显违背公序良俗,也与其他长辈血亲的姓氏无关,所以不能将姓名改成“狗酱”。

18. 未经他人允许拍摄短视频,是否合法

案例

村民周某平时很喜欢刷短视频,某日刷到一个吵架的短视频,发现很搞笑。可仔细一看,吵架短视频的主角竟然是自己的父亲,下面评论的网友,开始拿短视频里面的主角开各种玩笑,有讽刺,有挖苦,甚至还有辱骂的。周某问父亲怎么还去拍短视频了。父亲说自己从来没拍过短视频。后来才明白,这是被人偷拍的短视频。其他人可以在未经当事人同意的情况下,随便拍摄吗?网友可以讽刺辱骂吗?

解析

我国《民法典》第 1019 条规定,任何组织或者个人不得以丑化、污损,或者利用信息技术手段伪造等方式侵害他人的肖像权。未经肖像权人同意,不得制作、使用、公开肖像权人的肖像,但是法律另有规定的除外。未经肖像权人同意,肖像作品权利人不得以发表、复制、发行、出租、展览等方式使用或者公开肖像权人的肖像。第 1024 条规定,民事主体享有名誉权。任何组织或者个人不得以侮辱、诽谤等方式侵害他人的名誉权。名誉是对民事主体的品德、声望、才能、信用等的社会评价。

随着自媒体短视频进入大众视野,一些 Vlog 短视频作者在拍摄自己的同时,有意无意间,也会拍摄到其他人。在这种情况下,需要获得被拍摄者的授权和认可;否则,即是违法行为,不仅有可能面临自媒体平台的相关处罚,还要承担违法的法律风险。

▶ 19. 个人信息可以随便出售吗

案例

某村是个人口数量很大的村,有几万人。村民王某在村民委员会管理计生工作,掌握着村里面的生育信息。王某有个远房亲戚在网上经营母婴产品,拉拢王某,让其把村里的生育信息告诉他。王某并不同意这样做。远房亲戚于是告诉王某,他这个买卖现在很挣钱,如果王某愿意将村里的生育信息告诉他,他可以免费给王某一些干股。但王某还是有顾虑,他想知道,可以把村里的生育信息给这个远房亲戚吗?

解析

我国《民法典》第 1034 条规定,自然人的个人信息受法律保护。个人信息是以电子或者其他方式记录的能够单独或者与其他信息结合识别特定自然人的各种信息,包括自然人的姓名、出生日期、身份证件号码、生物识别信息、住址、电话号码、电子邮箱、健康信息、行踪信息等。个人信息中的私密信息,适用有关隐私权的规定;没有规定的,适用有关个人信息保护的规定。第1039条规定,国家机关、承担行政职能的法定机构及其工作人员对于履行职责过程中知悉的自然人的隐私和个人信息,应当予以保密,不得泄露或者向他人非法提供。

本案中,王某不应当将个人信息出售给他人;否则,就是违法行为,要承担法律责任。

▶ 20. 施暴是侵权吗

案例

村民王某是个棋友,除了自己下棋,也喜欢看别人下棋。某天去村活动室看人下棋,由于在下棋的过程中给别人支着,另外一位下棋的赵某就很生气,王某和赵某从言语冲突上升到肢体冲突。王某本来就生得弱不禁风,根本不是赵某的对手,被赵某接连踢了好几脚,吓得赶紧跑回了家。赵某的行为属于侵权吗?

解析

我国《民法典》第1165条规定,行为人因过错侵害他人民事权益造成损害的,应当承担侵权责任。依照法律规定推定行为人有过错,其不能证明自己没有过错的,应当承担侵权责任。第1166条规定,行为人造成他人民事权益损害,无论行为人有无过错,法律规定应当承担侵权责任的,依照其规定。第1167条规定,侵权行为危及他人人身、财产安全的,被侵权人有权请求侵权人承担停止侵害、排除妨碍、消除危险等侵权责任。

本案中,王某和赵某二人因下棋产生言语冲突,演变成肢体侵权,赵某的行为已经侵犯王某的人身权利,属于侵权行为。

21. 被人打伤能否获得赔偿

案例

村民王某因在旁观下棋过程中，与赵某发生口角，被赵某踢回了家。原本身体就不好的王某，加上惊吓，竟然一下子就起不来床。后来被送去医院治疗，经过检查，王某的肋骨被踢成骨裂，精神也受到刺激，现在已经入院治疗。王某能否获得赔偿？

解析

我国《民法典》第1179条规定，侵害他人造成人身损害的，应当赔偿医疗费、护理费、交通费、营养费、住院伙食补助费等为治疗和康复支出的合理费用，以及因误工减少的收入。造成残疾的，还应当赔偿辅助器具费和残疾赔偿金；造成死亡的，还应当赔偿丧葬费和死亡赔偿金。据此可知，王某可以获得赔偿。王某被赵某打伤后，可以依据造成损伤的相关证据，比如上述的医疗费、护理费、营养费等证据，依法向赵某索赔。

22. 施暴者是精神病患者，该怎么办

案例

村民王某旁观下棋过程中被施暴后住院的事，在村里闹得沸沸扬扬，原来这不是一起普通打人事件，施暴者赵某是一位精神病患者。当天，由于王某给别人支着，气得赵某精神病复发，所以才将王某打伤。精神病患者殴打他人造成损害的，由谁来赔偿？

解析

我国《民法典》第1188条规定，无民事行为能力人、限制民事行为能力人造成他人损害的，由监护人承担侵权责任。监护人尽到监护职责的，

可以减轻其侵权责任。有财产的无民事行为能力人、限制民事行为能力人造成他人损害的,从本人财产中支付赔偿费用;不足部分,由监护人赔偿。

本案中,"精神病患者"并不是侵权人的"护身符""挡箭牌",赵某的监护人应当对王某的损失承担赔偿责任。

23. 网购产品出现质量问题,该如何解决

案例

村民王某在医院接受治疗后,精神状态稳定,伤情也趋于稳定,现在已经出院在家休养。王某儿子为了方便照顾王某,从网上购买自动炒菜机。收到商品后,王某儿子发现,这个自动炒菜机非常难用,没用几天竟然熄火冒烟了;王某儿子还被电伤了。网购产品出现质量问题,该怎么解决?

解析

我国《民法典》第 1202 条规定,因产品存在缺陷造成他人损害的,生产者应当承担侵权责任。第 1203 条规定,因产品存在缺陷造成他人损害的,被侵权人可以向产品的生产者请求赔偿,也可以向产品的销售者请求赔偿。产品缺陷由生产者造成的,销售者赔偿后,有权向生产者追偿。因销售者的过错使产品存在缺陷的,生产者赔偿后,有权向销售者追偿。

本案中,王某儿子购买到有问题的产品,可以向生产者或者销售者要求赔偿。

24. 发生交通事故逃逸的,责任怎么承担

案例

村民王某的儿子因使用电器被电伤后,在去医院治疗的路上,又遇上

糟心事。他在过马路的时候,原本是绿灯走斑马线的时候,竟然被一个闯红灯的机动车撞倒,而撞人的机动车竟然没有停下,撞完人扬长而去。王某儿子身上发生了交通事故逃逸案件,现在正处于抢救阶段。交通事故中,肇事者逃逸的情况下,责任该怎么承担?

解析

我国《民法典》第1216条规定,机动车驾驶人发生交通事故后逃逸,该机动车参加强制保险的,由保险人在机动车强制保险责任限额范围内予以赔偿;机动车不明、该机动车未参加强制保险或者抢救费用超过机动车强制保险责任限额,需要支付被侵权人人身伤亡的抢救、丧葬等费用的,由道路交通事故社会救助基金垫付。道路交通事故社会救助基金垫付后,其管理机构有权向交通事故责任人追偿。据此可知,本案中王某儿子被逃逸肇事车辆撞伤后,在未找到肇事者信息的情况下,相关治疗费用可以先由道路交通事故社会救助基金垫付,垫付后,其管理机构有权向交通事故责任人追偿。

25. 病历如果被篡改,责任怎么承担

案例

村民王某的儿子发生交通事故后,被送往医院治疗。但在电伤和撞伤治疗过程中,王某所在镇上的某医院,非常不负责任,直接导致王某儿子在手术过程中,造成再次伤害。现在王某的母亲李某要求医院提供病历,在查阅病历的过程中,李某及其亲属发现病历有篡改的痕迹。在这种情况下,责任怎么承担?

解析

我国《民法典》第1222条规定,患者在诊疗活动中受到损害,有下列

情形之一的,推定医疗机构有过错:(1)违反法律、行政法规、规章以及其他有关诊疗规范的规定;(2)隐匿或者拒绝提供与纠纷有关的病历资料;(3)遗失、伪造、篡改或者违法销毁病历资料。据此可知,医疗结构如果被证实存在篡改病历等情况,一旦产生纠纷,医疗过错将被推定由医疗机构承担。也就是说,本案中产生的医疗责任,最终由医疗机构承担。

▶ 26. 农作物被污染的,举证责任怎么来定

案例

村民王某一家人,接二连三出现事故,这让王某非常难受,所幸,王某在妻子李某的照顾下,逐渐康复起来。王某经营养鱼坑,每年的收益还不错。虽然身体出现意外情况,但养鱼的事一点都没落下,就在王某及其儿子治疗期间,李某一直在兢兢业业地打理自家的养鱼坑。可倒霉的事好像追上了他们家似的,某天王某的妻子李某去养鱼坑喂饲料的时候,竟然发现水面上浮起了大面积的死鱼,并且有一股难闻的味道,而挨着养鱼坑进水口的上游就是一家制药公司,该制药公司也曾违法排污被当地环保部门处罚过。李某认为,该制药公司违法排污造成自家鱼死亡。在这种情况下,责任该怎么承担?

解析

我国《民法典》第1229条规定,因污染环境、破坏生态造成他人损害的,侵权人应当承担侵权责任。第1230条规定,因污染环境、破坏生态发生纠纷,行为人应当就法律规定的不承担责任或者减轻责任的情形及其行为与损害之间不存在因果关系承担举证责任。

环境污染损害责任不同于一般侵权损害责任。在纠纷中,一般侵权损害责任由受害者承担举证责任,由其证明损害事实和后果之间存在因果关系,而环境污染损害责任,则由污染企业对是否具有侵害因果关系承

担举证责任，这也是我们常说的“举证责任倒置”。本案中，如果制药公司不能举证证明自己的排污行为与王某养鱼坑死鱼事件没有因果关系，那么王某养鱼坑死鱼事件产生的损害责任，将由制药公司承担。

▶ 27. 高空扔烟灰缸砸伤人的，怎么承担民事责任

案例

某村地处城乡接合部，由于市政规划，需要对某村进行土地征收。土地征收的过程也很顺利。两年后，该村的安置房也下来了，所有村民都欢天喜地地上楼了。唯独村民刘某由于习惯了农村的生活，一时间在楼房楼面还不太适应。刘某有个随手扔东西的习惯，某天因为跟妻子吵架，竟然将烟灰缸从位于10层楼的次卧窗户扔出去了，直接将楼下散步的高某砸伤。在这种情况下，该如何承担民事责任？

解析

我国《民法典》第1254条规定，禁止从建筑物中抛掷物品。从建筑物中抛掷物品或者从建筑物上坠落的物品造成他人损害的，由侵权人依法承担侵权责任；经调查难以确定具体侵权人的，除能够证明自己不是侵权人的外，由可能加害的建筑物使用人给予补偿。可能加害的建筑物使用人补偿后，有权向侵权人追偿。物业服务企业等建筑物管理人应当采取必要的安全保障措施防止前款规定情形的发生；未采取必要的安全保障措施的，应当依法承担未履行安全保障义务的侵权责任。发生本条第1款规定的情形的，公安等机关应当依法及时调查，查清责任人。

本案中，刘某无视公共安全，随意将烟灰缸扔出窗外，造成高某受伤；刘某扔烟灰缸的行为和高某受伤害结果之间存在因果关系，所以理应由刘某承担责任。

28. 逗狗被咬伤的,怎么承担责任

案例

村民高某为了看家护院的需要,养了一只狼青犬。高某平时将狼青犬锁在院子里,从来不放养,因为他熟悉狼青犬的秉性,除了家人之外,对外人有着强烈的警惕性,很容易咬人。该村村民王某,来高某家里串门。喜欢逗狗的王某根本不听高某的阻拦,就在院子里一个劲地逗这只狼青犬,虽然狼青犬被锁链子拴着,但王某不小心还是被咬伤了。在这种情况下,怎么承担责任?

解析

我国《民法典》第1245条规定,饲养的动物造成他人损害的,动物饲养人或者管理人应当承担侵权责任;但是,能够证明损害是因被侵权人故意或者重大过失造成的,可以不承担或者减轻责任。

本案中,高某家的狗被拴在自家院子中,且高某劝王某不要逗狗,已经对王某尽到了安全保障义务,而王某不听劝,继续逗狗,最终导致被咬,所以责任由王某自行承担。

(二)典型案例

案 例 一

案情

2015年6月,某村从已经被张某等18户老农户承包的土地中,擅自发包100余亩给外地迁入的新农户。随后,区政府给新农户颁发了《土地承包经营权证》。张某等老农户认为,区政府给新农户颁发土地证的具体行政行为侵犯了其已经合法取得的土地承包经营权,遂向法院提起行政诉讼。行政诉讼过程中,区政府又给老农户颁发了争议土地的《土地承包经营权证》,但未对原发给新农户的《土地承包经营权证》作出处理,造成了该有争议的土地上新老农户同时持有《土地承包经营权证》的局面。张某等老农户于2016年向复议机关申请行政复议,请求撤销区政府给新农户颁发《土地承包经营权证》的具体行政行为。

案件结果

复议机关经审理,以区政府行政不作为为由,根据《行政复议法》第28条第1款第2项的规定作出决定,责令区政府在30日内依法明确有争议土地的合法经营权主体,并对原颁发给新老农户的《土地承包经营权证》作出处理。

解析

农村承包经营责任制,是我国改革开放以后在农村推行的一项重要经济政策,它是由村(组)集体经济组织与其内部成员或其他承包者之间通过签订承包合同的方式,确立双方在生产、经营和分配过程中的权利义务。实行承包经营责任制是我国农村改革的一项成功经验,个人或者集体的承包经营权受法律保护。但是,在实践中,个别地方的乡镇政府对农村承包经营活动进行干预,擅自变更、废止或者干涉签订农村承包经营合同,侵犯承包者的经营自主权和财产权。因此,《行政复议法》将变更或者废止农业承包合同纳入复议范围,农民认为行政机关变更、废止农业承包合同侵犯其合法权益的,可以申请行政复议。

本案中,在老农户先取得土地承包经营权的情况下,区政府又给新农户发放《土地承包经营权证》,而且在老农户诉诸诉讼程序后,又给老农户颁发了《土地承包经营权证》,造成了同一块土地上新老农户同时持有《土地承包经营权证》的局面,严重侵犯了老农户的合法权益。区政府的行为属行政不作为,对属于自己法定职责范围内的事项拖延履行,所以复议机关责令其在一定期限内依法履行法定职责是正确的。

案例二

案情

2015年7月22日9时,被告某派出所接到第三人夏某报案,称其种植的14棵桐树被人拔出。被告出警后,经调查,认为该案属于民事侵权案件,遂不予受理。被告在调查过程中未制作调查笔录、询问笔录等有关书面材料。后第三人夏某以原告蔡某拔其桐树、侵犯其合法权益为由向人民法院提起民事诉讼。在开庭审理过程中,夏某的委托代理人向法庭出示了一份被告某派出所出具的证明。该份证明的主要内容是:该派出所于2015年7月22日9时3分接夏某报案,夏某称自己种植的14棵桐树被本组村民蔡某拔掉。随即该所民警于同日10时赶到现场,现场的桐树确实被拔出。经对夏某询问得知是同组村民蔡某所为。后找到蔡某,蔡某承认是自己拔的。考虑到此事件是民事纠纷，该所民警口头告知夏某到法院进行诉讼。而原告蔡某认为其从未拔过夏某的树，也未承认过。被告某派出所在无事实根据的情况下，出具该份证明，侵犯了原告的合法权益，故诉至法院，请求撤销被告某派出所于2015年7月29日出具的证明。

案件结果

该案所在市人民法院经审理认为，根据最高人民法院《关于执行〈中华人民共和国行政诉讼法〉若干问题的解释》第1条第1款的规定，公民、法人或者其他组织对具有国家行政职权的机关和组织及其工作人员的行政行为不服，依法提起诉讼的，属于人民法院行政诉讼的受案范围。据此，该派出所于2015年7月29日出具的证明中，认定蔡某承认拔了夏某的树，该证明对蔡某的权益产生了影响。该派出所出具证明的行为是具体行政行为，原告蔡某有权提起行政诉讼，其具备原告的诉讼主体资格。故被告某派出所辩称其出具证明的行为不是具体行政行为，原告蔡某不具备原告诉讼主体资格的辩解理由不能成立，法院不予支持。该派出所在处理夏某的桐树被拔一案中，未制作询问笔录等书面材料，也未向法院提供其他可以证明蔡某承认拔夏某桐树的事实证据。因此，派出所为第三人夏某出具证明的具体行政行为主要证据不足，依法应予撤销。综上所述，依照《行政诉讼法》第70条的规定，判决撤销被告某派出所于2015年7月29日为第三人夏某出具的证明。一审宣判后，各方均未上诉。

解析

《行政诉讼法》第34条规定，被告对作出的行政行为负有举证责任，应当提供作出该行政行为的证据和所根据的规范性文件。本案中，被告向法院提供了立案审批表，用以证明被告在接到夏某的报案后，经过调查认为夏某与蔡某之间的纠纷属民事纠纷，决定不予立案。除该份证据外，被告未提供其他可以证明蔡某承认拔夏某桐树的事实证据。故法院认定,被告出具证明的行为主要证据不足并予以撤销,是正确的。

案例三

案情

原告陈某与第三人王某的争议地位于某村。2015年9月台风过后,第三人王某到该争议地上的小树林里捡拾台风刮落的树枝,原告陈某加以阻挠,双方进而发生争执。原告陈某和第三人王某同年11月同时请求被告某镇政府对该争议地作出处理。被告某镇政府受理后,先责成某村民委员会进行调解处理,某村民委员会通过调查作出处理意见,认为争议地林木应为种植人王某所有,但原告陈某不接受村民委员会的处理意见,请求某政府处理。被告某镇政府调解未果后,于2015年12月25日作出处理决定:(1)争议地的所有权和使用权为某村农民集体所有;(2)争议地上的林木为王某所有。原告陈某不服上述处理决定,提起行政诉讼。

案件结果

法院裁定不予受理。

解析

《行政复议法》第30条第1款规定,公民、法人或者其他组织认为行政机关的具体行政行为侵犯其已经取得的土地、矿藏、水流、森林、山岭、草原、荒地、滩涂、海域等自然资源的所有权和使用权的,应当先申请行政复议;对行政复议决定不服的,可以依法向人民法院提起行政诉讼。原告陈某对被告某镇政府作出的关于某村第四队王某与陈某土地争议的处理决定不服,因上述处理决定涉及土地林木权属确权问题,理应根据上述法律规定,先申请行政复议是必经程序,原告陈某应在法定期限内先向某县人民政府法制办公室提起行政复议;对行政复议不服,再向法院提起行政诉讼。原告陈某未按法定程序先提起行政复议,举不出先提起行政复议的证据。根据《行政诉讼法》第44条第2款"法律、法规规定应当先向行政机关申请复议,对复议不服再向人民法院提起诉讼的,依照法律、法规的规定"和最高人民法院《关于执行〈中华人民共和国行政诉讼法〉若干问题的解释》第33条第1款"法律、法规规定应当先申请复议,公民、法人或者其他组织未申请复议直接提起诉讼的,人民法院不予受理"的规定,原告陈某对某镇政府对其与第三人王某的土地林木权属争议作出的处理决定不服,应先申请行政复议。据此,根据《行政复议法》第30条第1款、《行政诉讼法》第44条第2款、最高人民法院《关于执行〈中华人民共和国行政诉讼法〉若干问题的解释》第33条第1款、第44条第1款第7项的规定,裁定不予受理。

陈某提起上诉。二审法院认为,本案被诉的具体行政行为即某镇政府作出的处理决定,该处理决定所涉及的是土地所有权和使用权以及林木的归属问题。根据《行政复议法》第30条的规定,其行政争议应先行申请行政复议,如对行政复议决定不服,再向人民法院起诉。而上诉人没有向某县人民政府申请行政复议,就直接向某县人民法院起诉,违反了上述法律规定。原审法院根据上述事实裁定不予受理是正确的。上诉人的上诉理由不成立,应予驳回。根据《行政诉讼法》第89条第1款第1项之规定,裁定驳回上诉,维持原裁定。

案例四

案情

死者尹某系民工。2015年11月21日晚,尹某醉酒后,在某职工楼道内吵闹,当地派出所接报后,将尹某带回警务区醒酒室醒酒,次日早晨尹某死亡。当地检察院根据死者家属的要求,委托法医进行了尸检,其结论为:严重颅脑损伤死亡;心脏、肺脏、肾脏损伤性出血,其中,心、肺损伤出血对加速死亡起促进作用。死者的姐姐、妹妹要求公安局赔偿损失,未果,提起行政诉讼,诉请依法确认被告市公安局约束尹某醒酒致其死亡的行为违法,并要求被告市公安局赔偿损失。

案件结果

当地人民法院经审理认为,被告市公安局在执行公务中,应当认真履行职责。尹某被约束后,被告市公安局对其负有监护义务,但在对尹某约束醒酒的过程中,没有按照相关规定加强监管和看护,造成尹某心脏、肺脏、肾脏出血和颅脑损伤而死亡,应认为被告市公安局没有认真履行法定职责,属不作为的违法行为。被告不作为,导致尹某死亡,死亡结果的发生与被告不作为行为有因果关系,因此被告对死者尹某的死亡后果有不可推卸的责任。尹某死亡后,其亲属一直在要求处理赔偿事宜,并于2016年向该院起诉,本案未过法定起诉期限。据此,判决确认被告市公安局约束尹某醒酒造成其死亡的行为违法;被告市公安局向原告支付尹某死亡赔偿金。

解析

《行政诉讼法》第25条第2款规定,有权提起诉讼的公民死亡,其近亲属可以提起诉讼。这里的“近亲属”包括哪些亲属呢?按照最高人民法院《关于执行〈中华人民共和国行政诉讼法〉若干问题的解释》第11条的规定,原告资格转移给其近亲属时,近亲属是指配偶、父母、子女、兄弟姐妹、祖父母、外祖父母、孙子女、外孙子女和其他具有扶养、赡养关系的亲属。近亲属在提起诉讼时,不分亲疏远近,没有先后顺序限制。本案中,被侵害人已经死亡,其姐妹有权作为原告提起行政诉讼,无疑是适格的。

六、刑法
和刑事诉讼法

(一)刑法和刑事诉讼法法律知识

▶ 1. 刑事责任年龄

案例

某村小学生肖某今年12周岁,平时在学校飞扬跋扈,谁都不放眼里,他甚至扬言老师也敢打。别看岁数不大,肖某网瘾极大,是周边黑网吧的常客。由于网游的消费开支很大,肖某常常偷拿家里的钱,后来同学李某向学校举报,他被父亲揍了一顿。肖某怀恨在心,决定对李某进行报复。在某日放学路上,肖某用随身携带的匕首向李某连捅数刀,李某当场死亡。

解析

我国《刑法》第17条规定:“已满十六周岁的人犯罪,应当负刑事责任。已满十四周岁不满十六周岁的人,犯故意杀人、故意伤害致人重伤或者死亡、强奸、抢劫、贩卖毒品、放火、爆炸、投放危险物质罪的,应当负刑事责任。已满十二周岁不满十四周岁的人,犯故意杀人、故意伤害罪,致人死亡或者以特别残忍手段致人重伤造成严重残疾,情节恶劣,经最高人民检察院核准追诉的,应当负刑事责任。对依照前三款规定追究刑事责任的不满十八周岁的人,应当从轻或者减轻处罚。因不满十六周岁不予刑事处罚的,责令其父母或者其他监护人加以管教;在必要的时候,依法进行专门矫治教育。”

据此可知,肖某应当被追究刑事责任。我国《刑法》已经将未成年人负刑事责任年龄的起刑点降到12周岁。本案中,为了报复他人,肖某对李某采取连捅数刀的犯罪行为,最终导致李某当场死亡的严重后果,符合已满12周岁,故意伤害他人,最终致人死亡的法律规定,因此肖某应当被追究刑事责任。

2. 什么是正当防卫

案例

某日,刘某驾驶宝马轿车在某市路口,与同向骑自行车的某村村民于某发生争执。刘某目露凶光,从自驾车中抽出一把明晃晃的砍刀,连续击打于某,后刘某却被于某反抢砍刀并被捅刺、砍击数刀。刘某身受重伤,送医经抢救无效死亡。

解析

我国《刑法》第20条规定:"为了使国家、公共利益、本人或者他人的人身、财产和其他权利免受正在进行的不法侵害,而采取的制止不法侵害的行为,对不法侵害人造成损害的,属于正当防卫,不负刑事责任。正当防卫明显超过必要限度造成重大损害的,应当负刑事责任,但是应当减轻或者免除处罚。对正在进行行凶、杀人、抢劫、强奸、绑架以及其他严重危及人身安全的暴力犯罪,采取防卫行为,造成不法侵害人伤亡的,不属于防卫过当,不负刑事责任。"据此可知,于某为了避免被刘某不法侵害,在自卫过程中导致刘某死亡,属于正当防卫,不负刑事责任。

3. 应当了解的紧急避险知识

案例

王某是个大货车司机,某日驾驶大货车顺着国道出城,车辆驶至城乡接合部。突然,某村村民叶某横穿公路,眼看就要撞上,王某慌乱之下猛打方向盘，以便避开叶某，但大货车方向急转，不能维持平衡，侧翻在地，车辆及货物均不同程度受损；不仅如此，还将旁边的行人杜某砸伤。

解析

我国《刑法》第21条规定："为了使国家、公共利益、本人或者他人的人身、财产和其他权利免受正在发生的危险，不得已采取的紧急避险行为，造成损害的，不负刑事责任。紧急避险超过必要限度造成不应有的损害的，应当负刑事责任，但是应当减轻或者免除处罚。第一款中关于避免本人危险的规定，不适用于职务上、业务上负有特定责任的人。"据此可知，王某驾车过程中，为了躲避撞伤违反交通规则横穿公路的叶某，将杜某砸伤，属于紧急避险，不负刑事责任。

4. 屡教不改的后果很严重

案例

村民胡某曾因盗窃罪被判刑16年，刑满释放后，还是游手好闲，在社会上厮混。某天，一直没工作的他，又打起了盗窃的主意，趁一个夜黑风高的晚上，偷摸进了某公司财务室，盗走现金1万余元，这距他释放的时间是第4个年头。

解析

我国《刑法》第65条规定："被判处有期徒刑以上刑罚的犯罪分子，刑罚执行完毕或者赦免以后，在五年以内再犯应当判处有期徒刑以上刑罚之罪的，是累犯，应当从重处罚，但是过失犯罪和不满十八周岁的人犯罪的除外。前款规定的期限，对于被假释的犯罪分子，从假释期满之日起计算。"据此可知，胡某曾因犯罪行为被判处有期徒刑16年，刑满释放后不知悔改，在第4个年头又实施盗窃行为，这种屡教不改的行为符合累犯的法律规定,应当从重处罚。

5. 缓刑的适用条件有哪些

案例

吴某是当地有名的暴发户,出手大方,挥金如土。虽然吴某已经结婚十年有余,但“浪子吴”一直是吴某的外号,他常形容自己是一只“没有脚的小鸟”。某村女村民陈某在一次老乡聚会上,结识吴某,宁做小三,也要和吴某在一起。一年后,吴陈二人闹翻,吴某向陈某支付200万元分手费。陈某此后陆陆续续以搞臭吴某相要挟,向吴某勒索500万元,而这时吴某的生意又出现了问题,根本无法满足陈某的要求,最后只能鱼死网破,报警处理。此事闹得满城风雨,后陈某被以敲诈勒索立案,立案后,陈某对犯罪行为供认不讳,且认罪态度非常好。念及旧情的吴某和陈某达成刑事谅解书,已经在看守所羁押两年的陈某最终被人民法院“判三缓三”(有期徒刑三年,缓刑三年)。

解析

我国《刑法》第72条规定:“对于被判处拘役、三年以下有期徒刑的犯罪分子,同时符合下列条件的,可以宣告缓刑,对其中不满十八周岁的人、怀孕的妇女和已满七十五周岁的人,应当宣告缓刑:(一)犯罪情节较轻;(二)有悔罪表现;(三)没有再犯罪的危险;(四)宣告缓刑对所居住社区没有重大不良影响。宣告缓刑,可以根据犯罪情况,同时禁止犯罪分子在缓刑考验期限内从事特定活动,进入特定区域、场所,接触特定的人。被宣告缓刑的犯罪分子,如果被判处附加刑,附加刑仍须执行。”第23条规定:“已经着手实行犯罪,由于犯罪分子意志以外的原因而未得逞的,是犯罪未遂。对于未遂犯,可以比照既遂犯从轻或者减轻处罚。”据此可知,吴某向陈某支付200万元属于自愿,而之后陈某向吴某勒索500万元，因吴某报警，并未得逞，属于犯罪未遂，可以比照既遂减轻处罚，且加上认罪态度好，又获得吴某的谅解，可以对陈某判处缓刑。

6. 缓刑考验期有哪些具体日期

案例

村民李某从小就有小偷小摸的恶习，成年后，通过网络找了一个女朋友。女朋友对李某很好，大部分开销都是女朋友支付。后来二人闹别扭，李某去女朋友家里盗窃，偷了1万多元。事后，女朋友的父母报警。李某的姐姐接到民警的电话后，也从外地赶到案发地派出所。在民警的主持下，李某的姐姐替认罪态度很好的李某向女朋友的父母偿还了1万多元，双方达成谅解，李某被当地人民法院判决缓刑。

解析

我国《刑法》第73条规定："拘役的缓刑考验期限为原判刑期以上一年以下，但是不能少于二个月。有期徒刑的缓刑考验期限为原判刑期以上五年以下，但是不能少于一年。缓刑考验期限，从判决确定之日起计算。"据此可知，缓刑考验期，指的是对已经宣告缓刑的犯罪分子，在社会上对其进行考察的期限。由于李某认罪态度好，且获得被害人谅解，可以在1年以上5年以下判处缓刑有期徒刑，且缓刑考验期设定为5年以下。

7. 构成自首的条件有哪些

案例

村民高某准备装修老房子，雇用同村村民王某帮他干活。两人商量好，高某每天向王某支付工钱200元，干活20天共计4000元。但20天后，高某一直拖欠工钱不给王某。王某多次索要无果，气愤之下将高某打成轻伤。事后，王某在家属的陪同下到当地派出所投案自首。

解析

我国《刑法》第67条规定:“犯罪以后自动投案,如实供述自己的罪行的,是自首。对于自首的犯罪分子,可以从轻或者减轻处罚。其中,犯罪较轻的,可以免除处罚。被采取强制措施的犯罪嫌疑人、被告人和正在服刑的罪犯,如实供述司法机关还未掌握的本人其他罪行的,以自首论。犯罪嫌疑人虽不具有前两款规定的自首情节,但是如实供述自己罪行的,可以从轻处罚;因其如实供述自己罪行,避免特别严重后果发生的,可以减轻处罚。”据此可知,本案中王某因劳务纠纷,对高某采取故意伤害的犯罪行为,之后在家属陪同下到当地公安部门投案,属于自首,可以对其从轻处罚。

8. 立功的必备要件

案例

经群众举报,刘某被当地公安机关以涉嫌“开设赌场罪”执行逮捕。在审讯的过程中,刘某交代,在其赌场玩牌的人里有个叫“老六”的人,每次都输很多钱,但他总有输不完的钱。后来熟识了,“老六”才告诉刘某自己是贩毒的。每次贩毒后,“老六”都会到刘某的赌场过过瘾。后当地缉毒部门根据刘某提供的线索,一举捣毁当地的毒窝,将“老六”等毒贩抓获。

解析

我国《刑法》第68条第1款规定:“犯罪分子有揭发他人犯罪行为,查证属实的,或者提供重要线索,从而得以侦破其他案件等立功表现的,可以从轻或者减轻处罚;有重大立功表现的,可以减轻或者免除处罚。”据此可知,立功属于犯罪分子本人实施的行为,且对破案工作有决定性作用。本案中,刘某举报毒贩“老六”,为公安机关侦破“贩毒”案,提供了有力的线索,属于重大立功表现,可以减轻或者免除处罚。

9. 什么是共同犯罪

案例

春节期间,村民高某和郑某夫妻的宅基地住宅与邻居李某因为相邻排水问题引发纠纷,发生口角,站在一旁的郑某的丈夫高某即对邻居李某推搡和殴打。李某受伤倒地后,高某、郑某两人即离开打人现场。经鉴定,李某受轻伤。

解析

我国《刑法》第25条规定:“共同犯罪是指二人以上共同故意犯罪。二人以上共同过失犯罪,不以共同犯罪论处;应当负刑事责任的,按照他们所犯的罪分别处罚。”本案中,郑某与丈夫高某没有共同犯罪的故意,不属于共同犯罪行为,所以仅由高某一人承担刑事责任。

10. 什么是追诉时效

案例

村民王某曾盗窃现金2万元,经人报警后,王某潜逃外地10年。10年后,王某在一次人口普查中被当地民警抓获,送交当地公安机关。有人说,王某盗窃行为已过追诉时效。也有人说,王某的盗窃行为已被报警,因而没有过诉讼时效。王某的盗窃行为是否过了追诉时效?

解析

我国《刑法》第87条规定:“犯罪经过下列期限不再追诉:(一)法定最高刑为不满五年有期徒刑的,经过五年;(二)法定最高刑为五年以上不满十年有期徒刑的,经过十年;(三)法定最高刑为十年以上有期徒刑的,经过十五年;(四)法定最高刑为无期徒刑、死刑的,经过二十年。如果二十年以后认为必须追诉的,须报请最高人民检察院核准。”综上可知,只有未经立案,超出上述期限,才有可能超过追诉时效。此外,本案属于盗窃犯罪,金额2万元,不属于最高刑为无期徒刑、死刑的案件,所以也不存在追诉时效的例外情况。

11. 什么是回避

案例

村民宋某的叔叔是当地派出所所长,宋某因此没少在朋友中吹牛,说自己在当地说了算,什么事都能摆平。某日,宋某在替人“平事”的时候,因故意伤害被当地派出所带走。受害人家属认为宋某的叔叔是派出所所长,应当回避。受害人的想法正确吗?

解析

我国《刑事诉讼法》第29条规定:“审判人员、检察人员、侦查人员有下列情形之一的,应当自行回避,当事人及其法定代理人也有权要求他们回避:(一)是本案的当事人或者是当事人的近亲属的;(二)本人或者他的近亲属和本案有利害关系的;(三)担任过本案的证人、鉴定人、辩护人、诉讼代理人的;(四)与本案当事人有其他关系,可能影响公正处理案件的。”据此可知,受害人家属的想法是正确的,宋某的叔叔理应回避。司法实践中,如果刑事公职人员存在可能影响案件公正审理的情况,那么就应当退出刑事案件的相关工作。本案中,犯罪嫌疑人宋某的叔叔是当地派出所的负责人,可能影响案件的刑事诉讼工作,理应回避。

▶ 12. 报案、举报和控告的基本定义

案例

村民高某是村民委员会成员，平时飞扬跋扈，俨然一副在村里他说了算的姿态。村里谁家翻盖房子、装修房子之类的事，必须经过他买建材；否则，他根本不让进村。因为村口早已以维护治安的名义设置了岗亭；凡是运送建材的，都必须有高某的批条才会放行。该村村民李某正在装修房屋，对高某这种行为深恶痛绝，他想去报案，但听说还有举报、控告的说法，不知这三者之间有什么区别？

解析

我国《刑事诉讼法》第 110 条规定："任何单位和个人发现有犯罪事实或者犯罪嫌疑人，有权利也有义务向公安机关、人民检察院或者人民法院报案或者举报。被害人对侵犯其人身、财产权利的犯罪事实或者犯罪嫌疑人，有权向公安机关、人民检察院或者人民法院报案或者控告。公安机关、人民检察院或者人民法院对于报案、控告、举报，都应当接受。对于不属于自己管辖的，应当移送主管机关处理，并且通知报案人、控告人、举报人；对于不属于自己管辖而又必须采取紧急措施的，应当先采取紧急措施，然后移送主管机关。犯罪人向公安机关、人民检察院或者人民法院自首的，适用第三款规定。"

本案中，高某利用村民委员会身份，强迫李某交易装修材料，李某作为受害人，可以向当地公安机关报案。

报案一般是针对已经发生的犯罪事实，报案材料往往简单笼统，不能具体指向犯罪嫌疑人；而举报则不仅有犯罪事实的发生，还能够具体指向明确的犯罪嫌疑人，提供的举报材料更具体和详细。而控告主要在主体上有鲜明的特点，是由遭受犯罪行为直接侵害的被害人向公检

法机构提出。

13. 处于“无辩护窘境”的犯罪嫌疑人可以申请法律援助吗

案例

村民周某先天聋哑,自幼父母离异,随爷爷奶奶长大。周某成年后,更是游手好闲,没有正经工作,终因涉嫌寻衅滋事罪被公安机关抓走。周某能申请法律援助吗?

解析

我国《刑事诉讼法》第35条规定:“犯罪嫌疑人、被告人因经济困难或者其他原因没有委托辩护人的,本人及其近亲属可以向法律援助机构提出申请。对符合法律援助条件的,法律援助机构应当指派律师为其提供辩护。犯罪嫌疑人、被告人是盲、聋、哑人,或者是尚未完全丧失辨认或者控制自己行为能力的精神病人,没有委托辩护人的,人民法院、人民检察院和公安机关应当通知法律援助机构指派律师为其提供辩护。犯罪嫌疑人、被告人可能被判处无期徒刑、死刑,没有委托辩护人的,人民法院、人民检察院和公安机关应当通知法律援助机构指派律师为其提供辩护。”

据此可知,周某是聋哑人,加上经济能力有限,现在实施了寻衅滋事的犯罪行为,如果他自己无力委托辩护人,有权利在刑事诉讼中申请法律援助。

14. 取保候审的必备条件

案例

村民谢某怀孕后,经常利用孕妇的身份打掩护,多次在超市盗窃日用品,后被超市保安抓到。经过警察核实,涉案金额超过1万元,据此对谢某以涉嫌盗窃罪立案。谢某作为孕妇,能申请取保候审吗?

解析

我国《刑事诉讼法》第67条规定:"人民法院、人民检察院和公安机关对有下列情形之一的犯罪嫌疑人、被告人,可以取保候审:(一)可能判处管制、拘役或者独立适用附加刑的;(二)可能判处有期徒刑以上刑罚,采取取保候审不致发生社会危险性的;(三)患有严重疾病、生活不能自理,怀孕或者正在哺乳自己婴儿的妇女,采取取保候审不致发生社会危险性的;(四)羁押期限届满,案件尚未办结,需要采取取保候审的。取保候审由公安机关执行。"据此可知,谢某在实施犯罪行为后,被警察以盗窃罪立案侦查,由于怀有身孕,她可以向侦察机关提出取保候审申请,依法办理取保候审手续。

15. 被犯罪行为侵害后,提起刑事附带民事诉讼的必备条件

案例

村民王某小时候,经常被同村李某欺负,现在二人都长大了,王某过着种地的安稳日子,李某还是一副吊儿郎当的样子。二人是邻居,某天李某晚上不睡觉,在家里开视频直播喊麦吵到王某,王某与李某理论,李某将王某打成轻伤。王某能提起刑事附带民事诉讼吗?

解析

我国《刑事诉讼法》第101条规定:"被害人由于被告人的犯罪行为而遭受物质损失的,在刑事诉讼过程中,有权提起附带民事诉讼。被害人死亡或者丧失行为能力的,被害人的法定代理人、近亲属有权提起附带民事诉讼。如果是国家财产、集体财产遭受损失的,人民检察院在提起公诉的时候,可以提起附带民事诉讼。"

据此可知,王某由于李某的犯罪行为,造成轻伤,可以通过刑事附带民事诉讼维护自己的权利。

16. 刑事赔偿的范围

案例

高中生李某,品学兼优,体育也很棒。在一次下晚自习骑车回家的途中,他看见马路边的大排档上有个中年男子在纠缠一位年轻女性,遂下车询问,女子说自己只是过来吃大排档的,根本不认识中年男子,中年男子在骚扰自己。中年男子见李某管闲事,还是个半大孩子,就没把李某放在眼里,越发嚣张起来,对女子更是上下其手,甚至还要殴打“多管闲事”的李某。李某见状,一脚踹在中年男子肚子上,中年男子倒地不省人事。后李某被当地公安机关以故意伤害罪立案拘留羁押。如果李某的案件事后被撤销,他能否申请国家赔偿?

解析

我国《国家赔偿法》第17条规定:“行使侦查、检察、审判职权的机关以及看守所、监狱管理机关及其工作人员在行使职权时有下列侵犯人身权情形之一的,受害人有取得赔偿的权利:(一)违反刑事诉讼法的规定对公民采取拘留措施的,或者依照刑事诉讼法规定的条件和程序对公民采取拘留措施,但是拘留时间超过刑事诉讼法规定的时限,其后决定撤销案件、不起诉或者判决宣告无罪终止追究刑事责任的;(二)对公民采取逮捕措施后,决定撤销案件、不起诉或者判决宣告无罪终止追究刑事责任的;(三)依照审判监督程序再审改判无罪,原判刑罚已经执行的;(四)刑讯逼供或者以殴打、虐待等行为或者唆使、放纵他人以殴打、虐待等行为造成公民身体伤害或者死亡的;(五)违法使用武器、警械造成公民身体伤害或者死亡的。”第18条规定:“行使侦查、检察、审判职权的机关以及看守所、监狱管理机关及其工作人员在行使职权时有下列侵犯财产权情形之一的，受害人有取得赔偿的权利：（一）违法对财产采取查封、扣押、冻结、追缴等措施的；（二）依照审判监督程序再审改判无罪，原判罚金、没收财产已经执行的。”

本案中，如果李某的案件被撤销，那么他有权利申请国家赔偿。

▶ 17. 国家赔偿中，每日赔偿标准是多少

案例

村民王某靠种地为生。在一起刑事案件中，他被警察认定为嫌疑人。王某认为自己根本不是罪犯，拒不认罪，后被警察刑事拘留。在拘留期间，王某被刑讯逼供，被迫认罪。后在辩护律师的努力下，某法院作出无罪判决。现在王某想知道，他在被刑事拘留期间，每日的国家赔偿标准是多少？

解析

最高人民法院于2020年5月18日发文通知，自2020年5月18日起作出的国家赔偿决定涉及侵犯公民人身自由权的赔偿金标准为每日346.75元。本案中，王某可以根据自己被羁押的天数、每羁押一日的标准346.75元，确定应获得的国家赔偿金——前两者相乘，即为王某应获得的国家赔偿金。

(二)典型案例

案 例 一

案情

村民胡某曾经是学校的田径队员,体格很棒。胡某的邻居赵某喜欢“嚼舌根”。两家在相邻权方面素有纠纷,一直没解决。某日,赵某又开始“编排”一直没结婚的胡某,说胡某这小子肯定是身体有毛病,否则,为啥不结婚呢!刚巧胡某路过,双方也因此事发生口角。赵某哪里是胡某的对手,胡某“三下五除二”就把赵某“收拾”得哭爹喊娘。当天下午,赵某觉得身体很难受,就去镇里的医院就诊。经诊断,赵某的肋骨骨折。当晚,赵某就拿着医院的诊断证明去当地派出所报案。派出所立案后,安排赵某去做法医鉴定,鉴定结论是“轻微伤”。之后,细心的赵某发现,鉴定人员刘某是胡某的高中同学。据他人反映,刘某和胡某平日里关系密切,经常聚会。赵某认为鉴定结论不公平,要求更换法医重做鉴定。

案件结果

公安机关根据申诉,更换了鉴定人,重新进行了鉴定。

解析

根据《刑事诉讼法》第32条的规定,书记员、翻译人员和鉴定人同样适用该法关于回避的规定,即书记员、翻译人员、鉴定人在回避人员范围之内。鉴定人回避的情形,也适用《刑事诉讼法》第29条的规定。本案中，胡某与刘某虽非亲属关系，但二人系老同学，私下交往密切，在这种情况下，鉴定人有可能作出不公正的鉴定结论，以偏袒被告人。故本案情况符合《刑事诉讼法》第29条第4项的规定，刘某应当回避。公安机关根据被害人的申诉，更换鉴定人进行重新鉴定的做法是正确的，有利于保护当事人的合法权益。

案例二

案情

村民陈某在当地的肉类批发大厅从事生猪肉皮的收购工作。由于陈某肯吃苦，又讲诚信，所以大厅里的商户都愿意将生猪肉皮卖给陈某。当地有个社会闲散青年刘某，对陈某收肉皮的生意很是眼红，准备将陈某挤走，自己独占这块“肥肉”，所以平日里经常挑衅陈某。陈某为人老实，对刘某的挑衅都是微笑面对。但2020年7月2日，刘某竟然纠集四五个社会闲散人员，拿着棍棒、砍刀来大厅殴打陈某。陈某被这群人打得浑身是血，没有办法的陈某只能拿起摊位上的菜刀进行反抗。在这个过程中，陈某一刀砍向刘某，刘某倒地身亡。那四五个社会闲散人员，见老大身亡，也扔掉了手里武器，作鸟兽散。陈某当即拨打“110”，报警自首。

案件结果

本案中，陈某砍死刘某的行为是正当防卫，不承担刑事责任。

解析

刘某等人欺人太甚，面临巨大人身伤害风险的陈某被迫反击，导致刘某身亡。这是正在发生的对陈某的不法侵害，陈某有权利自卫，可以使用暴力制止正在对其行凶的行为人，根据《刑法》第20条第3款的规定享有正当防卫的权利，其行为是正当防卫。

案 例 三

案情

村民高某,2005 年 8 月因犯贷款诈骗罪、侵占罪被判处无期徒刑,在某监狱服刑。自入狱以来,高某遵守监规,积极改造,并利用自己的技术特长,参加监狱的重大技术革新,取得了专利,为国家创造了财富。2011 年 9 月高某被裁定减刑为 14 年有期徒刑。减刑之后,高某更勤奋地完成自己的任务,进行了多项与监狱生产有关的创造发明,并且及时制止了一名犯人自杀,被记功一次。2020 年 7 月,高某所在的监狱提出了对高某假释的建议。

案件结果

高某获得假释。

解析

首先,高某被判处的是无期徒刑,他既不是累犯,也不是因为杀人、爆炸、抢劫、强奸、绑架等暴力性犯罪被判处 10 年以上有期徒刑或者无期徒刑的犯罪分子,所以符合假释的对象条件。其次,高某到 2020 年 7 月被提出假释时,已经实际执行了 13 年以上刑期。最后,高某符合假释的实质条件。他在服刑期间,遵守监规,认真接受改造,确有悔改表现,并有立功表现;如果假释,也不至于危害社会。因此,高某符合假释的条件。

案 例 四

案情

村民周某有门做饭的手艺,十里八乡有红白喜事的,基本上都会聘请周某上门张罗酒菜事宜。2019年6月2日，邻村村民李某的儿子结婚，李某聘请周某给儿子的婚礼操持酒席。这酒席一张罗就是三天，周某回家后，竟被妻子叶某告知，他离村当日她被同村的老光棍田某强奸。周某又气又急，立即报警。但由于派出所人手不够，派出所所长便要求周某亲自将田某带到派出所接受调查。第二天，周某叫上堂兄，一起将田某扭送到派出所接受调查。

案件结果

周某无权扭送田某，本案应当由公安机关对田某以涉嫌强奸罪采取强制措施。

解析

扭送，是指公民将有法定的紧急情形的违法犯罪分子强制送交司法行政机关处理的行为。扭送并不是刑事诉讼强制措施，刑事诉讼强制措施的实施主体是公安机关，而扭送是法律赋予公民同刑事犯罪作斗争的一种手段。《刑事诉讼法》第84条规定，对于有下列情形的人，任何公民都可以立即扭送公安机关、人民检察院或者人民法院处理：(1)正在实行犯罪或者犯罪后即时被发觉的；(2)通缉在案的；(3)越狱逃跑的；(4)正在被追捕的。公安机关、人民检察院和人民法院对于公民扭送来的人都应当接受，并且应当立即讯问。对于不属于自己管辖的，应当依法移送有管辖权的机关处理。对于不属于自己管辖但需要采取紧急措施的，应当先采取紧急措施，然后移送有关机关处理。如果发现不够拘留或者逮捕条件的，应当向扭送的公民讲明情况，然后将被扭送人释放。

本案中，派出所所长让周某扭送犯罪嫌疑人田某的做法是错误的。田某的强奸行为构成犯罪，因此对其进行扭送符合法律关于扭送对象的规定。但是根据上述法律规定，通缉在案的、越狱逃跑的、正在被追捕的犯罪嫌疑人可以在犯罪行为发生之后的任何时间对其进行扭送，对其他种类的犯罪嫌疑人的扭送,则必须是正在实行犯罪或犯罪之后立即被发现时才可进行。而田某虽然实施了强奸行为,但其强奸行为是在3天后被周某知晓并报案的,周某在数日之后扭送田某去派出所,不符合扭送的时间要件。

案例五

案情

2020年3月,女村民郭某为了多挣点钱,盲目听信非法理财广告“年化50%收益”的吹嘘,将积攒的12万元存款,一股脑儿投资到某网络平台。后该平台定性为非法平台,因涉嫌诈骗罪被当地警方一举捣毁。诈骗而来的钱财已被犯罪嫌疑人挥霍一空。难受至极的郭某气急攻心,一时想不开,欲寻短见,好在郭某丈夫发现及时,送医院抢救,才捡回一条命。郭某通过刑事附带民事诉讼,要求犯罪嫌疑人支付郭某自杀抢救的相关医疗费用及精神损失费。

案件结果

法院不予支持。

解析

《刑事诉讼法》第101条规定,被害人由于被告人的犯罪行为而遭受物质损失的,在刑事诉讼过程中,有权提起附带民事诉讼。所谓物质损失,也就是经济损失。被害人由于被告人的犯罪行为而遭受精神、人格、名誉和婚姻家庭关系等方面的损失,不能提起附带民事诉讼而要求经济赔偿。提起附带民事诉讼,只能以犯罪行为直接引起的物质损失为条件,如被告人行凶伤害致使被害人伤残需要治疗的费用;又如,由于被告人盗窃、抢劫,致使被害人遭受物质损失的,被害人有权提起附带民事诉讼。

而因被告人强奸、侮辱造成被害人精神痛苦,被害人没有直接遭受物质损失的,却不能提起附带民事诉讼。本案中,被害人郭某的抢救医疗费用,并不是被告人犯罪行为直接引起的,因此,被害人郭某提起附带民事诉讼而要求经济赔偿及精神损害赔偿,均是没有法律根据的。

七、婚姻家庭

（一）婚姻家庭法律知识

▶ 1. 什么是“一夫一妻”

案例

村民李某结婚第7个年头，由于当地市政规划，其耕地和宅基地都被列为拆迁区域。李某成了通过拆迁富起来的那一拨人。有钱后的李某开始“飘了起来”，他觉得，多娶几个妻子，才能配得上自己的财富。我国法律允许一夫多妻制吗？

解析

我国《民法典》第1041条第1款、第2款规定：婚姻家庭受国家保护。实行婚姻自由、一夫一妻、男女平等的婚姻制度。据此可知，李某的想法很荒谬，我国是一夫一妻制，不允许娶多个妻子。一夫一妻指的是单配偶的法律制度，婚外情、重婚等行为是违反一夫一妻制的。

▶ 2. 哪些情形属于“禁止结婚”

案例

村民黄某和邻村女村民王某是表兄妹，两人自幼关系很好，由于两个村距离很近，他们经常一起玩。成年后，他们感情也很好。他们不顾家人的反对，准备结婚。有人认为，他们是近亲属，不能结婚，这个说法正确吗？

解析

我国《民法典》第1051条规定,有下列情形之一的,婚姻无效:(1)重婚;(2)有禁止结婚的亲属关系;(3)未到法定婚龄。据此可知,本案中,黄、王二人是表兄妹,属于禁止结婚的亲属关系,因而他们是不应结婚的。

3. "胁迫婚姻"应怎么处理

案例

村民吴某听说自己在镇里工作的女儿找了对象,准备结婚。但通过他的调查,女儿找的对象根本没有钱,连彩礼钱都出不起。吴某不同意这门婚事,还找了亲戚去镇里把女儿带了回来,并限制女儿出入。最终,女儿在吴某和一众亲属的胁迫下,嫁给了村主任的儿子黄某,吴某也因此获得了一大笔彩礼。"生米煮成熟饭"后,吴某女儿才获得人身自由。她想知道,可以撤销这段婚姻关系吗?

解析

我国《民法典》第1052条规定:"因胁迫结婚的,受胁迫的一方可以向人民法院请求撤销婚姻。请求撤销婚姻的,应当自胁迫行为终止之日起一年内提出。被非法限制人身自由的当事人请求撤销婚姻的,应当自恢复人身自由之日起一年内提出。"本案中,吴某胁迫女儿结婚,吴某女儿有权向法院申请撤销婚姻关系。

4. 什么是夫妻共同财产

案例

村民李某和同村的女村民叶某结婚后,一直外出务工,叶某在家里照看孩子。李某在外地混得不错，有了钱之后，就变了心，向叶某提出让叶某净身出户的要求。他认为，这些年，家里的钱都是自己挣的，叶某只会在家里待着，一分钱没挣过，所以但凡与钱有关的财产都得自己所有，叶某不能分得一分钱。李某的说法符合法律规定吗？

解析

我国《民法典》第1062条规定，夫妻在婚姻关系存续期间所得的下列财产，为夫妻的共同财产，归夫妻共同所有：(1)工资、奖金、劳务报酬；(2)生产、经营、投资的收益；(3)知识产权的收益；(4)继承或者受赠的财产，但是本法第1063条第3项规定的除外；(5)其他应当归共同所有的财产。夫妻对共同财产，有平等的处理权。

《民法典》第1063条规定，下列财产为夫妻一方的个人财产：(1)一方的婚前财产；(2)一方因受到人身损害获得的赔偿或者补偿；(3)遗嘱或者赠与合同中确定只归一方的财产；(4)一方专用的生活用品；(5)其他应当归一方的财产。

最高人民法院《关于适用〈中华人民共和国民法典〉婚姻家庭编的解释(一)》第25条规定，婚姻关系存续期间，下列财产属于《民法典》第1062条规定的"其他应当归共同所有的财产"：(1)一方以个人财产投资取得的收益；(2)男女双方实际取得或者应当取得的住房补贴、住房公积金；(3)男女双方实际取得或者应当取得的养老保险金、破产安置补偿费。《民法典》第1062条第3项规定的"知识产权的收益"，是指婚姻关系存续期间，实际取得或者已经明确可以取得的财产性收益。军人的伤亡保险金、伤残补助金、医药生活补助费属于个人财产。

人民法院审理离婚案件，涉及分割发放到军人名下的复员费、自主择业费等一次性费用的，以夫妻婚姻关系存续年限乘以年平均值，所得数额为夫妻共同财产。所称年平均值，是指将发放到军人名下的上述费用总额按具体年限均分得出的数额；其具体年限为人均寿命70岁与军人入伍时实际年龄的差额。

最高人民法院《关于适用〈中华人民共和国民法典〉婚姻家庭编的解释(一)》第72条规定,夫妻双方分割共同财产中的股票、债券、投资基金份额等有价证券以及未上市股份有限公司股份时,协商不成或者按市价分配有困难的,人民法院可以根据数量按比例分配。

由一方婚前承租、婚后用共同财产购买的房屋,房屋权属证书登记在一方名下的,应当认定为夫妻共同财产。

最高人民法院《关于适用〈中华人民共和国民法典〉婚姻家庭编的解释(一)》第76条规定,双方对夫妻共同财产中的房屋价值及归属无法达成协议时,人民法院按以下情形分别处理:(1)双方均主张房屋所有权并且同意竞价取得的,应当准许;(2)一方主张房屋所有权的,由评估机构按市场价格对房屋作出评估,取得房屋所有权的一方应当给予另一方相应的补偿;(3)双方均不主张房屋所有权的,根据当事人的申请拍卖房屋,就所得价款进行分割。

最高人民法院《关于适用〈中华人民共和国民法典〉婚姻家庭编的解释(一)》第77条规定,离婚时双方对尚未取得所有权或者尚未取得完全所有权的房屋有争议且协商不成的,人民法院不宜判决房屋所有权的归属,应当根据实际情况判决由当事人使用。当事人就前款规定的房屋取得完全所有权后,有争议的,可以另行向人民法院提起诉讼。

最高人民法院《关于适用〈中华人民共和国民法典〉婚姻家庭编的解释(一)》第29条规定,当事人结婚前,父母为双方购置房屋出资的,该出资应当认定为对自己子女的个人赠与,但父母明确表示赠与双方的除外。

我国《民法典》第1065条规定,男女双方可以约定婚姻关系存续期间所得的财产以及婚前财产归各自所有、共同所有或者部分各自所有、部分共同所有。约定应当采用书面形式。没有约定或者约定不明确的,适用本法第1062条、第1063条的规定。夫妻对婚姻关系存续期间所得的财产以及婚前财产的约定,对双方具有法律约束力。夫妻对婚姻关系存续期间所得的财产约定归各自所有,夫或者妻一方对外所负的债务,相对人知道该约定的,以夫或者妻一方的个人财产清偿。

本案中,李某在婚姻关系存续期间挣得的钱属于夫妻共同财产,妻子叶某有权利分割。

5. 父母对未成年子女负有哪些义务

案例

村民刘某夫妇生有一子,孩子刚出生那一阵,双方都对孩子照顾有加。但随着刘某外出务工,妻子王某常常去邻居家打麻将,逐渐对孩子开始冷落,平时也不给孩子做饭,最后孩子只能去爷爷奶奶家生活。父母对未成年子女负有何种义务?

解析

我国《民法典》第 26 条规定,父母对未成年子女负有抚养、教育和保护的义务。第 1058 条规定,夫妻双方平等享有对未成年子女抚养、教育和保护的权利,共同承担对未成年子女抚养、教育和保护的义务。第 1067 条规定,父母不履行抚养义务的,未成年子女或者不能独立生活的成年子女,有要求父母给付抚养费的权利。第 1068 条规定,父母有教育、保护未成年子女的权利和义务。未成年子女造成他人损害的,父母应当依法承担民事责任。

据此可知,刘某夫妇应当从保护子女身体健康角度出发抚养子女;虽然孩子现在跟着爷爷奶奶生活,但在教育、生活、财产、民事法律行为等方面,父母应尽到抚养义务。

6. 非婚生子女的权利有保障吗

案例

村民李某有两个孩子,老大15岁,在念书;老二10岁,李某却让其辍学在家干农活。一般人都会认为家里都是疼小的,但李某一家却相反,让老二干各种农活,如喂猪、喂鸡、喂鸭,甚至春耕插秧都让老二去干。原来,老二是李某的私生子,其生母已经去世,李某现任妻子容不下这个私生子,李某平时干农活根本顾不上老二的生活。非婚生子女的待遇,在法律上是如何规定的?

解析

我国《民法典》第1071条规定,非婚生子女享有与婚生子女同等的权利,任何组织或者个人不得加以危害和歧视。不直接抚养非婚生子女的生父或者生母,应当负担未成年子女或者不能独立生活的成年子女的抚养费。据此可知,即使两个人没有结婚登记,不直接抚养孩子的一方应当向另一方给付孩子的抚养费。

7. 父母子女之间的抚养、扶养法律关系是如何规定的

案例

村民王某有个疑问,在他小时候,父母离婚后,他便跟着母亲生活,父亲从来没给过抚养费。甚至在自己求学的时候,父亲还对自己冷言冷语,以致自己连大学都没上成。现在父亲年纪大了,要求自己赡养,他想知道是否可以不赡养?

解析

根据《民法典》第26条规定,父母对未成年子女负有抚养、教育和保

护的义务。成年子女对父母负有赡养、扶助和保护的义务。据此可知，当父母不履行抚养义务时，未成年的或不能独立生活的子女，有要求父母给付抚养费的权利。子女不履行赡养义务时，无劳动能力的或生活困难的父母，有要求子女给付赡养费的权利。虽然王某的父亲未履行抚养义务，但王某仍对父亲负有赡养义务，所以王某不能以没有得到抚养费为由拒绝赡养父亲。

8. 父母再婚，子女还有赡养义务吗

案例

村民李某夫妇，最近非常烦恼，因为李某的父亲自从老伴去世后，就一直与村外的中老年女性打得火热。某天，李某的父亲说自己要再婚，对象是一个外村女人。李某认为，这个女人是图他们家老爷子的家产，极力反对父亲再婚，甚至扬言如果再婚，以后赡养的事，他就不管了。他能不管吗？

解析

我国《民法典》第 1069 条规定，子女应当尊重父母的婚姻权利，不得干涉父母离婚、再婚以及婚后的生活。子女对父母的赡养义务，不因父母的婚姻关系变化而终止。据此可知，李某如因父亲再婚而拒绝赡养，是违法的。

9. 哪些情况下男方不得提出离婚

案例

村民刘某听说丈夫在外面有人了，翻看丈夫的手机，发现微信里面全是一些不堪入目的短信和视频，她非常难过，但她已经怀孕了，并不想离婚，希望丈夫有一天能回心转意。但令刘某没想到的是，丈夫竟然提出离

婚的要求。这合法吗?

解析

我国《民法典》第1082条规定,女方在怀孕期间、分娩后一年内或者终止妊娠后六个月内,男方不得提出离婚;但是,女方提出离婚或者人民法院认为确有必要受理男方离婚请求的除外。据此可知,除非人民法院认为确有必要受理,刘某在怀孕期间,其丈夫不得提出离婚。

10. 离婚时判定子女抚养的原则是什么

案例

村民刘某知道丈夫在外面有人,也知道自己可能挽回不了这段感情,所以就专心待孕,准备等孩子生下来再说。几个月之后,刘某产下一胎男婴。刘某丈夫随后提出离婚,而且他认为,儿子是自己家的人,理应归自己抚养。刘某丈夫的想法对吗?

解析

根据《民法典》第1084条第3款规定,离婚后,不满两周岁的子女,以由母亲直接抚养为原则。已满两周岁的子女,父母双方对抚养问题协议不成的,由人民法院根据双方的具体情况,按照最有利于未成年子女的原则判决。子女已满8周岁的,应当尊重其真实意愿。

据此可知,刘某丈夫的想法不对;两周岁以内的孩子,以女方抚养为原则。所以,如果离婚了,孩子原则上由刘某抚养。

11. 离婚时,女方是否能够得到照顾

案例

村民刘某的丈夫执意要离婚,刘某虽然很伤心难受,但既然男人的心

不在她这里，她也同意离婚。在财产分割方面，双方有争议，刘某丈夫的意思是，钱都是自己赚的，这一年多来刘某只是在家待产，对家庭没有贡献，所以理应少分财产。刘某丈夫的理由正确吗？

解析

我国《民法典》第1087条规定，离婚时，夫妻的共同财产由双方协议处理；协议不成的，由人民法院根据财产的具体情况，按照照顾子女、女方和无过错方权益的原则判决。对夫或者妻在家庭土地承包经营中享有的权益等，应当依法予以保护。

本案中，刘某丈夫的想法当然不正确。刘某应当依法分割夫妻共同财产，而不应该少分。

12. 家暴导致离婚，可否要求赔偿

案例

村民刘某在通过法院离婚的过程中，还出人意料地向法院提供其丈夫对其家暴的证据。虽然其丈夫不承认，但在法官的盘问下，他拿不出反驳的证据。刘某想知道，她被家暴了，有权利要求赔偿吗？

解析

我国《民法典》第1091条规定："有下列情形之一，导致离婚的，无过错方有权请求损害赔偿：（一）重婚；（二）与他人同居；（三）实施家庭暴力；（四）虐待、遗弃家庭成员；（五）有其他重大过错。"据此可知，刘某丈夫存在家暴行为，因而，刘某有权利向其丈夫索赔。

▶ 13. 无力养孩子,能送给别人养吗

案例

村民叶某夫妇生有两个孩子。老大出生的时候,叶某买彩票中了大奖,这让叶某认为老大是给自己带来好运的,所以对老大非常疼爱。可待老二出生的时候,不仅没再中过奖,甚至每次去村里玩牌打麻将都是输,所以他认为,老二就是个扫帚星,准备把老二送给别人养。

解析

我国《民法典》第1093条规定,下列未成年人,可以被收养:(1)丧失父母的孤儿;(2)查找不到生父母的未成年人;(3)生父母有特殊困难无力抚养的子女。我国《民法典》第1094条规定,下列个人、组织可以作送养人:(1)孤儿的监护人;(2)儿童福利机构;(3)有特殊困难无力抚养子女的生父母。

综上可知,必须有特殊困难、无力抚养子女才可以送养。本案中,叶某无权利把亲生子女送给别人收养,只能自己尽心尽力抚养。

▶ 14. 谁可以收养孩子

案例

村民李某夫妇结婚5年了,年龄都已超过30周岁,可一直怀不上孩子,后来去医院检查,结论是李某不具有生育能力。为此,李某夫妇没少发愁。后来听人说,没有亲生子女的家庭,可以去收养一个子女。他们可以吗?

解析

我国《民法典》第1098条规定,收养人应当同时具备下列条件:

(1)无子女或者只有一名子女;(2)有抚养、教育和保护被收养人的能力;(3)未患有在医学上认为不应当收养子女的疾病;(4)无不利于被收养人健康成长的违法犯罪记录;(5)年满 30 周岁。本案中,李某不具有生育能力,年龄已满 30 周岁,案情中未表述夫妇二人具有无法收养子女的限制条件,所以他们可以收养一名子女。

▶ 15. 如何解除收养关系

案例

村民周某是被人收养长大的,小时候还不太清楚,上小学之后,周某就跟学校老师说,养父老打他。刚开始的时候,老师以为是周某调皮捣蛋,不听话,养父才打他。可后来发现,周某养父就是一个酒鬼,只要喝酒就会发酒疯,然后对养子和配偶实施家暴行为。学校经过研究,将此事报给当时的送养人某福利院。后来民政部门介入,准备解除周某与养父的收养关系。这样可以吗?

解析

根据我国《民法典》第 1114 条规定,收养人在被收养人成年以前,不得解除收养关系,但是收养人、送养人双方协议解除的除外。养子女 8 周岁以上的,应当征得本人同意。收养人不履行抚养义务,有虐待、遗弃等侵害未成年养子女合法权益行为的,送养人有权要求解除养父母与养子女间的收养关系。送养人、收养人不能达成解除收养关系协议的,可以向人民法院提起诉讼。

本案中,周某长期被养父虐待,具备解除收养关系的条件,如果养父不同意解除,周某可以向法院起诉,解除本收养关系。

16. 父母在世时,子女表示不要父母的遗产,在父母去世后,子女还能继承遗产吗

案例

村民赵某膝下有3个子女,老大老二在赵某年老的时候,对其照顾得很好,唯独老三长大了对老人不管不顾的。甚至当年还扬言说,自己不要老人的任何遗产,所以也别指望他赡养老人。现在老人去世了,老三还有权利继承赵某的遗产吗?

解析

我国《民法典》第1124条第1款规定,继承开始后,继承人放弃继承的,应当在遗产处理前,以书面形式作出放弃继承的表示;没有表示的,视为接受继承。受遗赠人应当在知道受遗赠后60日内,作出接受或者放弃受遗赠的表示;到期没有表示的,视为放弃受遗赠。第1125条规定:"继承人有下列行为之一的,丧失继承权:(一)故意杀害被继承人;(二)为争夺遗产而杀害其他继承人;(三)遗弃被继承人,或者虐待被继承人情节严重;(四)伪造、篡改、隐匿或者销毁遗嘱,情节严重;(五)以欺诈、胁迫手段迫使或者妨碍被继承人设立、变更或者撤回遗嘱,情节严重。继承人有前款第三项至第五项行为,确有悔改表现,被继承人表示宽恕或者事后在遗嘱中将其列为继承人的,该继承人不丧失继承权。受遗赠人有本条第一款规定行为的,丧失受遗赠权。"

综上可知,仅是口头表示过放弃继承,很难剥夺老三的继承权,但是,如果有证据证明老三有遗弃或者虐待赵某的情况,则另当别论。此外,如果老三真要放弃继承的话,也需要在赵某去世之后,以书面形式明确作出放弃继承的意思表示,才算真正放弃继承。而本案中,老三在赵某生前所谓的"扬言说,自己不要赵某的任何遗产",并不是法律上的放弃继承。

所以只要老三不具备丧失继承权的情形,还是可以继承的。

▶ 17. 怎么立遗嘱

案例

村民高某有两个闺女,两个儿子,一家人原本其乐融融。但自从高某再婚后,子女里面只有二闺女对他还与以前一样,另外3个子女,很少再来看望他和赡养他。于是,高某想把自己的遗产通过遗嘱的形式留给二闺女和再婚的老伴。但他不知道该怎么立遗嘱。

解析

我国《民法典》第1134条规定,自书遗嘱由遗嘱人亲笔书写,签名,注明年、月、日。第1135条规定,代书遗嘱应当有两个以上见证人在场见证,由其中一人代书,并由遗嘱人、代书人和其他见证人签名,注明年、月、日。第1136条规定,打印遗嘱应当有两个以上见证人在场见证。遗嘱人和见证人应当在遗嘱每一页签名,注明年、月、日。第1137条规定,以录音录像形式立的遗嘱,应当有两个以上见证人在场见证。遗嘱人和见证人应当在录音录像中记录其姓名或者肖像,以及年、月、日。第1138条规定,遗嘱人在危急情况下,可以立口头遗嘱。口头遗嘱应当有两个以上见证人在场见证。危急情况消除后,遗嘱人能够以书面或者录音录像形式立遗嘱的,所立的口头遗嘱无效。第1139条规定,公证遗嘱由遗嘱人经公证机构办理。

据此可知,高某共有4个子女,只有二闺女对他好,因此高某可以通过立遗嘱的形式,将自己的财产明确由二闺女和再婚的老伴继承。如果遗嘱人高某先后立了多份遗嘱,应当以最后所立的遗嘱为准。

18. 何种情况下遗嘱无效

案例

村民甄某小时候发烧,影响了大脑的正常发育,智力低下,所以一直没有出去工作。但他买个小东西、做饭什么的还是可以,也能分辨出不同的人。所以父母也算放心。后来父母去世,给他留了一处宅子和10万元存款。如今甄某的身体一天不如一天,他想把自己的遗产都交给一直照顾他的侄子。但他听说,如果自己被鉴定为限制民事行为能力人,他所立的遗嘱就会无效,是这样吗?

解析

我国《民法典》第1143条规定,无民事行为能力人或者限制民事行为能力人所立的遗嘱无效。遗嘱必须表示遗嘱人的真实意思,受欺诈、胁迫所立的遗嘱无效。伪造的遗嘱无效。遗嘱被篡改的,篡改的内容无效。据此可知,甄某虽然并非什么都不懂,但如果他被鉴定为限制民事行为能力人,其立的遗嘱就不具有法律效力,属于无效遗嘱。

19. 胎儿可以继承遗产吗

案例

村民李某一向在外地务工,妻子王某在老家待产。某日,王某接到一个消息:李某因为工伤去世了。李某留下一些遗产,有人说,还没出生的孩子无权继承,是这样吗?

解析

我国《民法典》第1155条规定,遗产分割时,应当保留胎儿的继承份额。胎儿娩出时是死体的,保留的份额按照法定继承办理。据此可知,虽然李某妻子肚子里怀孕的胎儿还未出生，但法律依然保障胎儿的权利，为其保留继承份额。

20. 非婚生子女可以继承生父母的遗产吗

案例

女村民王某还在和别人理论自己肚子里的孩子能不能继承去世父亲的遗产时，又有一个消息传来，原来丈夫李某在外务工的这几年，竟然和别的女人生了一个孩子。现在这个孩子的母亲代表孩子也要求继承丈夫李某的遗产。非婚生子女有权继承吗？

解析

根据《民法典》第1071条第1款规定，非婚生子女享有与婚生子女同等的权利，任何组织或者个人不得加以危害和歧视。据此可知，非婚生子女享有与婚生子女同等的权利，可以继承生父母的遗产；非婚子女对其生父母遗产的继承权利，任何组织或者个人不得加以危害或干涉。

21. 被继承人生前的债务和税款由谁负责偿还

案例

女村民王某已经被连续两个消息弄得心力憔悴，家人劝她要注意身体，毕竟肚子里面还有个孩子。但第三个不幸的消息又接踵而来。原来李某不仅有非婚生子女，还欠了信用卡的钱，好几个银行卡加在一起有几十万元之多。李某生前的欠款由谁负责偿还呢？

解析

《民法典》第1163条规定，既有法定继承又有遗嘱继承、遗赠的，由法定继承人清偿被继承人依法应当缴纳的税款和债务；超过法定继承遗产实际价值部分,由遗嘱继承人和受遗赠人按比例以所得遗产清偿。据此可知,李某的欠款,应由其遗产继承人清偿,不过以其遗产实际价值为限。超过遗产实际价值部分,继承人自愿偿还的不在此限。继承人放弃继承的,对李某的欠款可以不负偿还责任。

22. 离婚后听说对方还有一套房子,一方还能起诉吗

案例

村民郑某夫妇婚后七年,迎来传说中的“七年之痒”。两口子经常为琐事吵架,俗话说吵架伤感情,这在郑某夫妇之间体现得淋漓尽致。两人几乎不再说话,郑某回家的次数也越来越少。最终二人选择了离婚,在民政局办理了离婚手续。离婚后,郑某的前妻王某发现郑某竟然隐藏了一套房子,这套房子是在他们婚后,郑某背着王某买的。这种情况下,王某能否起诉,要求分割这套房子?

解析

《民法典》第1092条规定:“夫妻一方隐藏、转移、变卖、毁损、挥霍夫妻共同财产,或者伪造夫妻共同债务企图侵占另一方财产的,在离婚分割夫妻共同财产时,对该方可以少分或者不分。离婚后,另一方发现有上述行为的,可以向人民法院提起诉讼,请求再次分割夫妻共同财产。”据此可知,郑某离婚前对配偶隐瞒了有房子的事实,离婚后,王某可以向法院起诉,要求分割这套房子;因郑某有过错,王某可以要求少分或者不分给郑某相应份额。

23. 离婚协议可反悔

案例

村民高某在村民委员会工作,工作之余,负责其孩子上下学的接送工

作;其丈夫刘某在镇里干着批发农产品的买卖,生活也算富足。刘某很有投资眼光,已经在县里买了三套房子,这也让高某很自豪嫁给一个能挣钱能投资的丈夫。但天有不测风云,刘某竟然和合伙人叶某出轨一年多之久,高某才发现。高某见日子过不下去了,便和刘某摊牌,双方在去民政局之前,签订了离婚协议。但在去民政局的那天,高某突然反悔,认为离婚协议对自己不利。高某可以反悔吗?

解析

《民法典》第1076条规定:"夫妻双方自愿离婚的,应当签订书面离婚协议,并亲自到婚姻登记机关申请离婚登记。离婚协议应当载明双方自愿离婚的意思表示和对子女抚养、财产以及债务处理等事项协商一致的意见。"第1077条规定:"自婚姻登记机关收到离婚登记申请之日起三十日内,任何一方不愿意离婚的,可以向婚姻登记机关撤回离婚登记申请。前款规定期限届满后三十日内,双方应当亲自到婚姻登记机关申请发给离婚证;未申请的,视为撤回离婚登记申请。"

综上可知,当事人达成的以登记离婚或者到人民法院协议离婚为条件的财产分割协议,如果双方协议离婚未成,一方在离婚诉讼中反悔的,人民法院应当认定该财产分割协议没有生效,并根据实际情况依法对夫妻共同财产进行分割。

男女双方协议离婚后一年内就财产分割问题反悔,请求变更或者撤销财产分割协议的,人民法院应当受理。人民法院审理后,未发现订立财产分割协议时存在欺诈、胁迫等情形的,应当依法驳回当事人的诉讼请求。本案中,高某在发现配偶出轨后,决定和配偶离婚,但在去民政局办手续的当天,突然发现离婚协议对自己不利,根据上述法律规定,她可以反悔。

24. 若离婚,彩礼将何去何从

案例

村民陈某家里不富裕,早就到了结婚的年龄,但一直没有合适的。后经别人撮合,终于和邻村的女子王某结婚登记,并支付彩礼5万元。但在结婚摆喜酒的那天,陈某和王某闹得不愉快。王某认为闹洞房是陋习,不同意陈某亲友闹洞房,而陈某却同意闹洞房,王某很不高兴,不久便跑回了娘家。王某告知陈某要和他离婚。如果二人离婚了,那么这彩礼还能退还吗?

解析

最高人民法院《关于适用〈中华人民共和国民法典〉婚姻家庭编的解释(一)》第5条规定,当事人请求返还按照习俗给付的彩礼的,如果查明属于以下情形,人民法院应当予以支持:(1)双方未办理结婚登记手续;(2)双方办理结婚登记手续但确未共同生活;(3)婚前给付并导致给付人生活困难。适用前款第2项、第3项的规定,应当以双方离婚为条件,本案中陈某和王某在婚礼当天,因闹洞房的陋习,导致离婚纠纷。既然双方还未共同生活,按照风俗习惯给付的彩礼,王某应当退还给陈某。

25. 妻子病重,丈夫却不同意支付医药费,妻子能告丈夫吗

案例

村民王某由于身体原因,婚后没几年就经常住院吃药,这让她的丈夫很是不满。之后,王某病情加重,已经到了长期住院的境地。丈夫刘某对此竟然不管不顾,对王某支付医药费的请求嗤之以鼻,说出让她赶紧回娘家的话。王某是否可以起诉丈夫,要求其支付医疗费?

解析

《民法典》第1066条规定，婚姻关系存续期间，有下列情形之一的，夫妻一方可以向人民法院请求分割共同财产：(1)一方有隐藏、转移、变卖、毁损、挥霍夫妻共同财产或者伪造夫妻共同债务等严重损害夫妻共同财产利益的行为；(2)一方负有法定扶养义务的人患重大疾病需要医治，另一方不同意支付相关医疗费用。据此可知，本案中刘某对妻子的疾病不管不顾，为了治疗，妻子王某可以请求法院分割共同财产。

26. 婚后父母给子女买的房属于个人财产吗

案例

村民王某有个儿子，一直娶不上媳妇，后经媒婆介绍，认识了邻村一个离异的女子，二人结了婚。该女子不愿意住在农村，一直要求王某去镇里买楼房住，王某为了儿子的婚姻，也只好咬了咬牙，花全款在镇里买了一套楼房，供儿子儿媳居住。如果将来王某儿子离婚，这套房子属于谁？

解析

最高人民法院《关于适用〈中华人民共和国民法典〉婚姻家庭编的解释(一)》第29条第2款规定，当事人结婚后，父母为双方购置房屋出资的，依照约定处理；没有约定或者约定不明确的，按照《民法典》第1062条第1款第4项规定的原则处理。据此可知，如果这套房子的归属没有明确说法，比如，父母没有指明给儿子购买，且属于儿子的财产，那么就属于夫妻共同财产。如果全款购买的房子登记在父母名下，只是供儿子儿媳居住，那么就算离婚，这套房子也是父母的财产，跟儿子儿媳都没有关系。

▶ 27. 婚前一方付款购买的房,应如何分割

案例

村民刘某一直为儿子处对象的事发愁,儿子已经30多岁了,连对象都没处过,更别说将来结婚的事了。他听别人说,现在结婚都得准备房子,甚至还得是楼房,否则,没人与他儿子处对象。刘某的儿子也是这个意思,他也认为自己处不上对象的原因就是没房子,于是,刘某东拼西凑给儿子全款在镇上买了套房子。但刘某担心,如果将来儿子离婚,这套房子怎么算?

解析

最高人民法院《关于适用〈中华人民共和国民法典〉婚姻家庭编的解释(一)》第29条第1款规定,当事人结婚前,父母为双方购置房屋出资的,该出资应当认定为对自己子女个人的赠与,但父母明确表示赠与双方的除外。据此可知,这套房子是刘某在儿子结婚前给儿子买的,所以婚后应属于儿子的婚前个人财产。

▶ 28. 丈夫卖房,妻子能否要回

案例

村民王某最近非常生气,因为他丈夫为了炒虚拟货币,竟然背着她将一套在县城的楼房卖了。王某找到买房人李某,准备要回这套房子。但李某说自己是花市场价买来的,并且已经过户到自己名下拒绝退房。王某能要回这套房子吗?

解析

最高人民法院《关于适用〈中华人民共和国民法典〉婚姻家庭编的解

释(一)》第28条规定,一方未经另一方同意出售夫妻共同所有的房屋,第三人善意购买、支付合理对价并已办理不动产登记,另一方主张追回该房屋的,人民法院不予支持。夫妻一方擅自处分共同所有的房屋造成另一方损失,离婚时另一方请求赔偿损失的,人民法院应予支持。

据此可知,本案中,王某丈夫单方擅自出售夫妻共同财产中的一套房产,除非王某能够证明买房人非善意出资购买,比如以不合理的明显低于市价购买这套房产或者买房人明知是夫妻共同财产,恶意和王某丈夫串通购买这套房产,否则,王某不能要回这套房子。但是,由于王某丈夫的行为,已经给王某造成财产损失,所以王某可以在离婚的时候,向其丈夫索赔。

▶ 29. 夫妻之间借钱也要还吗

案例

村民刘某持家过日子很厉害,能节约的绝对不浪费,所以积攒了一笔钱。但是他的丈夫陈某老想学着别人去创业,最近听说搞物流很赚钱,就想搞物流。刘某并不想搞什么投资创业,但耐不住陈某天天在耳边嘀咕,所以她有条件地让陈某去投资创业,条件就是签一份借款协议,上面写明这笔投资款是刘某用共同财产借给陈某的,如果将来赔钱了,陈某要偿还给刘某。这种协议有效吗?

解析

最高人民法院《关于适用〈中华人民共和国民法典〉婚姻家庭编的解释(一)》第82条规定,夫妻之间订立借款协议,以夫妻共同财产出借给一方从事个人经营活动或者用于其他个人事务的,应视为双方约定处分夫妻共同财产的行为,离婚时可以按照借款协议的约定处理。据此可知,本案中刘某老公搞自主创业,但刘某对此事一直持保守的态度,可忍不住其丈夫的“软磨硬泡”,最终在有前提条件的情况下,刘某同意丈夫创业,这个前提条件就是以夫妻之间借贷的形式,确定创业款的落实。由于该借贷协议出于二人真实意愿,且借款事实真实,所以是有效的;一旦将来出现离婚的事由,可以按照该协议确定借款的事实,并要求陈某向刘某返还借款。

▶ 30. 现在离婚有冷静期了

案例

村民丁某夫妇结婚一年多,因为生育问题闹起了离婚。王某打算离婚,但去了民政局才被告知,自从 2021 年 1 月 1 日起,凡是离婚的,都需要一个月的冷静期,法律是这样规定的吗?

解析

《民法典》第 1077 条规定,自婚姻登记机关收到离婚登记申请之日起 30 日内,任何一方不愿意离婚的,可以向婚姻登记机关撤回离婚登记申请。前款规定期限届满后 30 日内,双方应当亲自到婚姻登记机关申请发给离婚证;未申请的,视为撤回离婚登记申请。

本案中,如果丁某夫妇准备通过民政局离婚,那就需要在申请之后,等上 30 日的冷静期,冷静期之后,才能办理正式的离婚手续。

（二）典型案例

案例一

案情

大约从2010年开始，村民高某就托朋友、亲属介绍对象，可对象一看高某的家境，都一口拒绝。2019年年初，某知名婚恋网站调整发展策略，注意到在农村这块婚恋空白，准备布局农村婚恋板块，以包括高某所在村的几个村落为试点，开展了为期半年的推广活动。皇天不负有心人，在高某和该婚恋网站的共同努力下，高某和某市赵某认识，且同居在一起，按照高某所在农村的风俗置办了酒席，但并未去民政部门办理结婚登记。同居一年后，赵某生下一名女婴，刚出月子，赵某就外出务工。直到2021年年初，外出务工的赵某从未回过家，也未对孩子尽过抚养义务。并且高某还听说，赵某在外出务工期间，已经和别人登记结婚。一气之下的高某，向法院起诉解除同居关系，并请求判令女儿由自己抚养，赵某支付抚养费。

案件结果

法院审理后认为，高某、赵某婚姻未办理登记手续，应认定为同居关系，本院依法不予处理；非婚生女一直由高某抚养至今，现由高某继续抚养有利于未成年人的成长，因此高某的诉讼请求，本院予以支持。根据我国《民法典》的相关规定，判决非婚生女由高某抚养，赵某承担相应抚养费。

解析

最高人民法院《关于适用〈中华人民共和国民法典〉婚姻家庭编的解释(一)》第3条明确规定:"当事人提起诉讼仅请求解除同居关系的,人民法院不予受理;已经受理的,裁定驳回起诉。当事人因同居期间财产分割或者子女抚养纠纷提起诉讼的,人民法院应当受理。"

因此,本案中赵某在与高某同居期间又与别人登记结婚,因同居关系法院不干预、不保护,赵某和别人的合法婚姻自然不构成重婚。此外,根据上述规定,本案当事人因同居期间子女抚养纠纷提起诉讼的,人民法院应当受理。

案例二

案情

张先生退休后和村民玉女士相遇,两人都有过离婚的经历,相处一段时间后,发现彼此间十分默契,走到了谈婚论嫁的地步。张先生子女很不理解,甚至认为玉女士就是父亲请来的保姆,现在要结婚,分明是冲着他父亲的财产来的,所以表示反对。虽然少了子女的祝福,但是他们还是办理了结婚登记。

婚后第8年,也就是2016年的时候,张先生下楼遛弯的时候,发现单元门上贴了一张房改告知书,大致内容是本单位针对退休职工进行了一次福利分房。玉女士出资购买了房子,户主的名字登记为张先生。购房后,张先生曾多次向人表示,玉女士对他有恩,买房子是玉女士出的钱,所以表示要把房子送给她。二人于2017年签订协议书,进行了公证,约定房子归玉女士所有。

张先生患有严重疾病,一直由玉女士细心照顾。但玉女士年事已高,难免出现力不从心的状况。2018年张先生的病情进一步恶化,考虑到玉女士以及自己子女的经济能力，张先生决定回到子女的身边，并按照子女的要求向玉女士提出了协议离婚。

2019 年 12 月 6 日，张先生因呼吸衰竭病故。玉女士陷入了深深的悲痛之中。然而，接踵而来的法院传票让玉女士更加无助。张先生竟然在病故的前一天写下了起诉书，声称要撤销对玉女士的房屋赠与，并要求玉女士归还那套房子。

案件结果

法庭审理后，认定了张先生和玉女士所签订的协议书为夫妻双方对于夫妻共同财产的约定，协议书真实有效；认定房子的所有权归玉女士所有，驳回了原告的诉讼请求。

解析

这个“撤销赠与”的诉讼，在案件定性上存在偏差。张先生提出收回房子未必是自己的真实意思表示。张先生即便是真的想收回房子，也没有这个权利。

协议书不属于赠与协议，而是夫妻双方对于夫妻共同财产的约定。根据《民法典》第 1065 条规定，男女双方可以约定婚姻关系存续期间所得的财产以及婚前财产归各自所有、共同所有或者部分各自所有、部分共同所有。约定应当采用书面形式。没有约定或者约定不明确的，适用本法第 1062 条、第 1063 条的规定。夫妻对婚姻关系存续期间所得的财产以及婚前财产的约定，对双方具有法律约束力。夫妻对婚姻关系存续期间所得的财产约定归各自所有，夫或者妻一方对外所负的债务，相对人知道该约定的，以夫或者妻一方的个人财产清偿。

本案中，通过收集证人证言以及张先生生前所立遗嘱的情况，可以证明张先生在签订协议书时，主观上具有赠与的意思表示，并且协议书在程序上还经过了公证。所以，张先生和玉女士所签订的协议书在效力上是合法有效的。玉女士获得房子的所有权也是合法的。

案 例 三

案情

村民张某经营了一家浴场。2018 年,因为浴场规模扩建,他雇了不少同乡来当员工,其中有一个老乡叫王某。2019 年上半年,张某因业务繁忙,又拓展农产品加工的生意,所以常常需要外出。这段时间里,王某竟然同张某之妻何某勾搭成奸,并在单位宿舍姘居。张某觉察后十分愤怒和震惊,但是考虑到家丑不可外扬,在严厉训斥了自己的妻子后,也只能辞退王某了事。何某向张某承认了错误,在亲戚面前保证从此以后要好好过日子,并希望张某把浴场交给她来经营,这样既可以通过工作来充实自己的生活,也可以为家里出一分力。妻子能这样想,张某很高兴,认为妻子都当着亲戚的面做过保证,自己理应相信妻子。于是他爽快地把浴场交给了妻子何某,自己把精力投入农产品的加工工作中去。

何某接手浴场还不到一周,就又把王某安排到浴场的一间宿舍里,两人堂而皇之地过起了同居生活,王某堂而皇之地当起了“老板”。在浴场里,王某以老板身份对员工发号施令,并当着员工和顾客的面公开与何某以夫妻相称。王某享受着何某为其提供的优厚待遇,甚至在他打架斗殴被看守所拘留后,也是何某使用浴场的钱为其办理取保候审。

2021 年 1 月,何某以感情不和为由向法院提起与张某的离婚诉讼,被法院驳回。2021 年 2 月,张某担心,如果自己以后再被推上被告席,将可能面临人财两空的后果,于是他想寻求法律途径维护自己的合法权益。在律师的指导下,张某以何某和王某重婚为由提起了离婚诉讼。

案件结果

法院支持了张某的诉讼请求。

解析

我国《民法典》规定了法定离婚的条件。离婚方式可以是夫妻双方协议离婚,也可以是一方起诉离婚。根据我国《民法典》第1079条规定,夫妻一方要求离婚的,可以由有关组织进行调解或者直接向人民法院提起离婚诉讼。人民法院审理离婚案件,应当进行调解;如果感情确已破裂,调解无效的,应当准予离婚。有下列情形之一,调解无效的,应当准予离婚:(1)重婚或者与他人同居;(2)实施家庭暴力或者虐待、遗弃家庭成员;(3)有赌博、吸毒等恶习屡教不改;(4)因感情不和分居满二年;(5)其他导致夫妻感情破裂的情形。一方被宣告失踪,另一方提起离婚诉讼的,应当准予离婚。经人民法院判决不准离婚后,双方又分居满一年,一方再次提起离婚诉讼的,应当准予离婚。

本案中,第一次离婚诉讼是何某向法院提起的,因为张某在婚姻生活中并没有出现任何过错,不满足法定的离婚事由,所以何某的诉讼请求被法院驳回。第二次张某提出的离婚诉讼满足了离婚的法定事由:"重婚或有配偶者与他人同居"。事实上,何某和王某的行为属于重婚行为。根据我国《刑法》第258条以及相关的司法解释(最高人民法院《关于〈婚姻登记管理条例〉施行后发生的以夫妻名义非法同居的重婚案件是否以重婚罪定罪处罚的批复》):新的《婚姻登记管理条例》(1994年1月12日国务院批准,1994年2月1日民政部发布)发布施行后,有配偶的人与他人以夫妻名义同居生活的,或者明知他人有配偶而与之以夫妻名义同居生活的,仍应按重婚罪定罪处罚。因而,何某和王某会被判处2年以下有期徒刑或者拘役;如果张某以何某和王某重婚为由提起离婚诉讼,可以得到相应赔偿。

八、治安管理

(一)治安管理法律知识

1. 治安管理处罚的种类有哪些

案例

村民孙某在去镇里办事回家途中,路过一个拆迁现场,由于口渴想跟现场的保安讨口水喝,因话不投机,双方发生争执,一名保安顺势将孙某踹倒在地。保安这种踹人的行为,可能面临什么治安处罚?

解析

我国《治安管理处罚法》第10条规定,治安管理处罚的种类分为:(1)警告;(2)罚款;(3)行政拘留;(4)吊销公安机关发放的许可证。对违反治安管理的外国人,可以附加适用限期出境或者驱逐出境。

本案中,这名保安殴打孙某,属于违反《治安管理处罚法》的行为,根据该法第43条规定(殴打他人的,或者故意伤害他人身体的,处5日以上10日以下拘留,并处200元以上500元以下罚款;情节较轻的,处5日以下拘留或者500元以下罚款),将可能面临罚款甚至行政拘留的行政处罚。

2. 扰乱公共秩序处罚有多重

案例

村民王某怀孕多日,预产期那几天来到县医院待产,之后顺利产下一名女婴。王某丈夫认为这个医院没有本事,明明自己请"大仙"算过,这是一胎男婴,怎么到医院却生下一名女婴;遂和家属在医院大吵大闹,给医院造成了极为恶劣的影响。参与闹事的人,是否会面临治安处罚?

解析

我国《治安管理处罚法》第23条规定,有下列行为之一的,处警告或者200元以下罚款;情节较重的,处5日以上10日以下拘留,可以并处500元以下罚款:(1)扰乱机关、团体、企业、事业单位秩序,致使工作、生产、营业、医疗、教学、科研不能正常进行,尚未造成严重损失的;(2)扰乱车站、港口、码头、机场、商场、公园、展览馆或者其他公共场所秩序的;(3)扰乱公共汽车、电车、火车、船舶、航空器或者其他公共交通工具上的秩序的;(4)非法拦截或者强登、扒乘机动车、船舶、航空器以及其他交通工具,影响交通工具正常行驶的;(5)破坏依法进行的选举秩序的。聚众实施以上行为的,对首要分子处10日以上15日以下拘留,可以并处1000元以下罚款。

据此可知,参与"医闹"的人员因扰乱医疗机构正常的医疗秩序,必然会面临治安处罚。

3. 不信谣、不传谣,违反就得受罚

案例

村民王某为了博得网络关注和点击率,擅自在网上散播谣言,造成当地不少村民的恐慌。后经人举报,警方顺藤摸瓜找到了王某。王某的行为会遭到治安处罚吗?

解析

我国《治安管理处罚法》第25条规定,有下列行为之一的,处5日以上10日以下拘留,可以并处500元以下罚款;情节较轻的,处5日以下拘

留或者500元以下罚款:(1)散布谣言,谎报险情、疫情、警情或者以其他方法故意扰乱公共秩序的;(2)投放虚假的爆炸性、毒害性、放射性、腐蚀性物质或者传染病病原体等危险物质扰乱公共秩序的;(3)扬言实施放火、爆炸、投放危险物质扰乱公共秩序的。

据此可知,王某为了吸引眼球、博得网络点击率散布谣言,属于违法行为,应当受到治安处罚。

4. 寻衅滋事,将面临治安处罚

案例

村民李某从小就喜欢占小便宜,成年后,与一些小混混为伍,不学无术。镇上新开了一家饭店,老板是外地人。李某等人见新开了馆子,便三五成群地去吃饭。李某一伙本想吃完饭,脚底抹油,老板却非常有经验,及时出现在李某面前,让其结账,李某表示先赊账,老板指了指墙上的一行字"本店概不赊账",顿觉没面子的李某只能结账。几日后,李某带着十多个人,来到这家饭店,每人占一桌,干坐着不点菜,还不让其他客人坐下点菜。这种行为给饭店造成了极为恶劣的影响。老板报警后,李某等人的行为,会面临什么处罚?

解析

根据我国《治安管理处罚法》第26条的规定,有下列行为之一的,处5日以上10日以下拘留,可以并处500元以下罚款;情节较重的,处10日以上15日以下拘留,可以并处1000元以下罚款:(1)结伙斗殴的;(2)追逐、拦截他人的;(3)强拿硬要或者任意损毁、占用公私财物的;(4)其他寻衅滋事行为。

据此可知,李某纠集社会闲散人员,没事找事,属于"其他寻衅滋事行为",严重滋扰了饭店正常的经营秩序,应当受到治安处罚。

5. 封建迷信不能搞

案例

村民李某因患上糖尿病,身体一直比较虚弱。邻居王某告诉李某有办法不吃药、不打针,就能把李某的糖尿病治好。李某半信半疑,就问王某是什么办法。第二天,王某带着李某来到邻村的一户人家院内,只见里面有好几个老头老太太在地上跪拜着什么,嘴上在咿咿呀呀嘀咕着什么。王某告诉李某,他们这是在拜“三叔”,信“三叔”,百病消。李某心说:得病就得吃药打针,不去医院,拜什么“三叔”,这不是搞封建迷信吗?王某这种行为,会面临什么治安处罚?

解析

我国《治安管理处罚法》第27条规定,有下列行为之一的,处10日以上15日以下拘留,可以并处1000元以下罚款;情节较轻的,处5日以上10日以下拘留,可以并处500元以下罚款:(1)组织、教唆、胁迫、诱骗、煽动他人从事邪教、会道门活动或者利用邪教、会道门、迷信活动,扰乱社会秩序、损害他人身体健康的;(2)冒用宗教、气功名义进行扰乱社会秩序、损害他人身体健康活动的。

据此可知,王某等人利用迷信活动,扰乱社会秩序,让有病的人不去治病,进而损害他人身体健康,将受到上述拘留并处罚款的行政处罚。

6. 恐吓、威胁是违法,侵犯人身必处罚

案例

村民王某因为丈夫外出务工,她在家基本就是对付着吃一口。有一天,王某丈夫特别嘱咐她,今天是她生日,自己不在身边,别随便吃,可以用手机点个大餐。于是王某听丈夫的,就用某点餐 App 下单点了一份套

餐美食。但不知道为什么,这套餐是左等不来,右等也不来。在明显超时的情况下,快餐骑手才把餐食送来,还一脸不高兴地说,王某这里太不好找了。本来是想过生日点个美食庆祝一下,谁想到竟然是这种结果。非常扫兴的王某就在某点餐 App 上给了差评。没想到之后的几天夜里,王某的手机接二连三地收到送餐骑手的恐吓短信,吓得王某都不敢睡觉了。送餐骑手会面临什么处罚?

解析

我国《治安管理处罚法》第 42 条规定,有下列侵犯人身权利的行为之一的,处 5 日以下拘留或者 500 元以下罚款;情节较重的,处 5 日以上 10 日以下拘留,可以并处 500 元以下罚款:(1)写恐吓信或者以其他方法威胁他人人身安全的;(2)公然侮辱他人或者捏造事实诽谤他人的;(3)捏造事实诬告陷害他人,企图使他人受到刑事追究或者受到治安管理处罚的;(4)对证人及其近亲属进行威胁、侮辱、殴打或者打击报复的;(5)多次发送淫秽、侮辱、恐吓或者其他信息,干扰他人正常生活的;(6)偷窥、偷拍、窃听、散布他人隐私的。

据此可知,送餐骑手公然恐吓他人,威胁王某人身安全,吓得她不敢睡觉,违反《治安管理处罚法》,应当受到上述治安处罚,轻则拘留或罚款,重则拘留并处罚款。

7. 殴打伤人危害大,这种行为必重罚

案例

村民李某纠集数人在集市上收“保护费”,规定但凡摆摊没成交的,一天 20 元钱;成交的,抽成 20%。王某到集市上做买卖时,正好遇上李某这伙人。王某不同意交保护费,就被这伙人拳脚相加。李某这伙人会面临什么处罚?

解析

我国《治安管理处罚法》第43条规定,殴打他人的,或者故意伤害他人身体的,处5日以上10日以下拘留,并处200元以上500元以下罚款;情节较轻的,处5日以下拘留或者500元以下罚款。有下列情形之一的,处10日以上15日以下拘留,并处500元以上1000元以下罚款:(1)结伙殴打、伤害他人的;(2)殴打、伤害残疾人、孕妇、不满14周岁的人或者60周岁以上的人的;(3)多次殴打、伤害他人或者一次殴打、伤害多人的。

据此可知,刘某等闲散人员,公然在集市上收取保护费,对不交保护费的王某任意殴打,违反《治安管理处罚法》,应当受到上述治安处罚,轻则拘留或罚款,重则拘留并处罚款。

8. 虐待遗弃不可为,这种行为如何罚

案例

村民孙某是个"酒腻子",喝点酒就找不着北,不仅如此,还时常耍酒疯。由于孙某的妻子不挣钱,一家人全靠孙某挣钱养活,所以孙某经常对妻子拳脚相加,并且打得越狠,他越过瘾。孙某这种虐待行为,会面临什么处罚?

解析

我国《治安管理处罚法》第45条规定,有下列行为之一的,处5日以下拘留或者警告:(1)虐待家庭成员,被虐待人要求处理的;(2)遗弃没有独立生活能力的被扶养人的。

据此可知,常年酗酒的孙某,经常酒后耍酒疯殴打配偶,出气过瘾,属于虐待家庭成员,如果被虐待人孙某妻子要求处理,应当按照上述规定,给予孙某拘留或警告的治安处罚。

▶ 9. 这些煽动民族仇恨的罚则应当知道

案例

村民周某平日里是个游手好闲的“键盘侠”，喜欢在网上发表极端言论，以博大众眼球，吸引流量。为了点击率，他甚至不惜通过不法联网手段，将在外网找的一些煽动民族仇恨的视频发布在网上，造成恶劣影响。周某这种行为会面临什么处罚？

解析

我国《治安管理处罚法》第47条规定，煽动民族仇恨、民族歧视，或者在出版物、计算机信息网络中刊载民族歧视、侮辱内容的，处10日以上15日以下拘留，可以并处1000元以下罚款。

据此可知，周某为了博得点击率，赚取流量，通过网络散播煽动民族仇恨的视频，属于违法行为，应当根据上述规定，给予其拘留并处罚款的治安处罚。

▶ 10. 假冒军警行骗，应从重处罚

案例

村民胡某平日里好面子，尤其是在外面，好说自己是某某部队的人，擅长给别人平事。某天，胡某为了追邻村的一个姑娘，竟然不知道从哪淘来一身军装，对姑娘说自己是军警。一开始这姑娘还真被胡某给忽悠住了，但在日后的交往中，这姑娘的朋友提醒她说，现在冒充军人的骗子特别多，你还是加点小心为妙。果不其然，这姑娘联系到胡某曾经报过的部队，去询问，该部队根本没有胡某这个人。胡某会面临什么处罚？

解析

我国《治安管理处罚法》第51条规定,冒充国家机关工作人员或者以其他虚假身份招摇撞骗的,处5日以上10日以下拘留,可以并处500元以下罚款;情节较轻的,处5日以下拘留或者500元以下罚款。冒充军警人员招摇撞骗的,从重处罚。

据此可知,胡某冒充军警人员招摇撞骗,应当依据上述规定,从重处罚。

11. 伪造车牌证照等必受惩罚

案例

村民王某是开个体出租车的。平日里为了多拉活,竟然打起了“套牌”的主意。在这种情况下,王某没少闯红灯。王某的这种行为,也引起了当地交警部门的关注。在一次巡查中,王某被当地交警部门抓了个现行。王某会面临什么处罚?

解析

我国《治安管理处罚法》第52条规定,有下列伪造、变造证、章、牌以及买卖、使用伪造、变造的证、章、牌等行为之一的,处10日以上15日以下拘留,可以并处1000元以下罚款;情节较轻的,处5日以上10日以下拘留,可以并处500元以下罚款:(1)伪造、变造或者买卖国家机关、人民团体、企业、事业单位或者其他组织的公文、证件、证明文件、印章的;(2)买卖或者使用伪造、变造的国家机关、人民团体、企业、事业单位或者其他组织的公文、证件、证明文件的;(3)伪造、变造、倒卖车票、船票、航空客票、文艺演出票、体育比赛入场券或者其他有价票证、凭证的;(4)伪造、变造船舶户牌,买卖或者使用伪造、变造的船舶户牌,或者涂改船舶发动机号码的。

据此可知,个体出租车运营人王某,为了多赚取租金利润,擅自伪造车牌,逃避违章处罚,属于违法行为,应当根据上述规定给予拘留并处罚款的处罚。

▶ 12. 文物古迹是国宝,破坏毁损必受罚

案例

村民王某是个 Vlog 爱好者,喜欢拍一些短视频。某天参加活动回来之后,路过一个旅游景点,里面有一些文物,为了留下纪念,王某在上面刻下了“王某到此一游”的字迹,并且在 Vlog 里面记录下这一幕。王某会面临什么处罚?

解析

我国《治安管理处罚法》第 63 条规定,有下列行为之一的,处警告或者 200 元以下罚款;情节较重的,处 5 日以上 10 日以下拘留,并处 200 元以上 500 元以下罚款:(1)刻划、涂污或者以其他方式故意损坏国家保护的文物、名胜古迹的;(2)违反国家规定,在文物保护单位附近进行爆破、挖掘等活动,危及文物安全的。

本案中,王某违反了上述规定第 1 项,应视其行为情节轻重予以处罚,轻则警告或罚款,重则拘留并处罚款。

▶ 13. 无证驾驶受重罚

案例

村民王某平日里没什么事,偶然间看到同村的李某在跑一款拉货的 App 软件,据说每天都能跑近千元,这对王某来说有很大的吸引力。王某平日里在村里开拖拉机开惯了,他自认为虽然没有驾驶证,但开拖拉机跟开汽车没什么区别,于是便在当地二手机动车交易市场买了一辆二手货

车用来跑运输。在一次交警巡查过程中,王某被交警查获。王某会面临什么处罚?

解析

我国《治安管理处罚法》第64条规定,偷开他人机动车,未取得驾驶证驾驶或者偷开他人航空器、机动船舶的,处500元以上1000元以下罚款;情节严重的,处10日以上15日以下拘留,并处500元以上1000元以下罚款。据此可知,王某在没有取得驾驶证的情况下,驾驶货车拉货跑运输,将面临轻则拘留、重则拘留并处罚款的治安处罚。

▶ 14. 卖淫嫖娼应抵制,违者肯定要受罚

案例

村民叶某游手好闲,天天吊儿郎当的,30多岁了,还没成家。有一天,叶某去镇里串亲戚,发现一条巷子里的发廊外面站着几个女子,上前搭话,才明白这几个女子是卖淫的,禁不住诱惑的叶某与其中一位女子发生了关系。叶某会面临什么处罚?

解析

根据我国《治安管理处罚法》第66条的规定,卖淫、嫖娼的,处10日以上15日以下拘留,可以并处5000元以下罚款;情节较轻的,处5日以下拘留或者500元以下罚款。在公共场所拉客招嫖的,处5日以下拘留或者500元以下罚款。

据此可知,叶某嫖娼,属于违法行为,根据上述规定,将视情节轻重予以治安处罚,轻则拘留或罚款,重则拘留并处罚款。

▶ 15. 赌博危害大无穷，赌博活动要受罚

案例

村民李某平日无所事事，喜欢玩牌，卖粮食挣点钱基本都输光了，妻子为此与他离婚了。现在，村里对赌博管得非常严格，昔日的地下赌场被取缔了，这让赌瘾难耐的李某非常难受。某日，一个昔日的赌友给李某打电话说，现在玩牌都去网上玩了，并且也很过瘾。在这个赌友的介绍下，李某开始在网上赌博。李某参与赌博，会面临什么处罚？

解析

我国《治安管理处罚法》第70条规定，以营利为目的，为赌博提供条件的，或者参与赌博赌资较大的，处5日以下拘留或者500元以下罚款；情节严重的，处10日以上15日以下拘留，并处500元以上3000元以下罚款。据此可知，李某以营利为目的，在网上参与赌博，将面临拘留和/或罚款的治安处罚。

▶ 16. 种毒、运毒害人害己，重拳治理决不手软

案例

村民胡某接触毒品，没几次就上瘾了。口袋里不富裕的他，根本买不起毒品。后来他听说，毒品也可以自己种植，刚好胡某有自留地，他通过毒友购买了种子，在自留地里种植罂粟400多株。后被村民发现，并向派出所举报。胡某会面临什么处罚？

解析

我国《治安管理处罚法》第71条规定，有下列行为之一的，处10日以上15日以下拘留，可以并处3000元以下罚款；情节较轻的，处5日以下

拘留或者500元以下罚款:(1)非法种植罂粟不满500株或者其他少量毒品原植物的;(2)非法买卖、运输、携带、持有少量未经灭活的罂粟等毒品原植物种子或者幼苗的;(3)非法运输、买卖、储存、使用少量罂粟壳的。有上述第1项行为,在成熟前自行铲除的,不予处罚。

据此可知,胡某非法种植罂粟,不满500株,尚不构成犯罪,但上述行为已经构成治安违法,将面临治安处罚,轻则拘留或罚款,重则拘留并处罚款。

▶ 17. 唆诱他人来吸毒,重罚严惩没商量

案例

村民王某是一个瘾君子,经过几次戒毒还是屡教不改,经常和一群毒友聚在一起吸毒。某次,王某为了拉拢刘某,竟然为其免费提供毒品。待刘某上瘾后,王某威胁其以后要听自己的话,否则,不提供毒品。刘某最终在家人的劝导下,向当地派出所举报了王某的行为。王某会面临什么处罚?

解析

我国《治安管理处罚法》第73条规定,教唆、引诱、欺骗他人吸食、注射毒品的,处10日以上15日以下拘留,并处500元以上2000元以下罚款。据此可知,王某本身就是吸毒分子,还诱导刘某吸毒,王某将面临拘留和罚款的治安处罚。

(二)典型案例

案 例 一

案情

村民王某与曾某发生争执,被曾某打成轻微伤。当地公安机关对曾某作出了拘留10日的治安管理处罚决定。曾某对当地公安机关对自己作出的拘留10日的行政处罚不服,依法向当地人民法院提起了行政诉讼,人民法院予以受理。

随后,曾某又向当地公安机关提出了暂缓执行行政拘留的申请。曾某提出了由其哥哥作为担保人,其哥哥为当地中学语文老师,至今无犯罪记录,有固定住房,与本案无牵连。

案件结果

法院判决维持了原来的治安管理处罚决定,公安机关在曾某提出了具备法定条件的担保人之后,批准了曾某的暂缓执行申请。

解析

本案件的性质是治安管理处罚案件。

我国《治安管理处罚法》第102条规定,被处罚人对治安管理处罚决定不服的,可以依法申请行政复议或者提起行政诉讼。

《治安管理处罚法》第107条规定,被处罚人不服行政拘留处罚决定,申请行政复议、提起行政诉讼的,可以向公安机关提出暂缓执行行政拘留的申请。公安机关认为暂缓执行行政拘留不致发生社会危险的,由被处罚人或者其近亲属提出符合本法第 108 条规定条件的担保人,或者按每日行政拘留 200 元的标准交纳保证金,行政拘留的处罚决定暂缓执行。

《治安管理处罚法》第 108 条规定,担保人应当符合下列条件:(1)与本案无牵连;(2)享有政治权利,人身自由未受到限制;(3)在当地有常住户口和固定住所;(4)有能力履行担保义务。

本案中,曾某对当地公安机关对自己作出的拘留 10 日的行政处罚不服,依法提起了行政诉讼,根据《治安管理处罚法》第 107 条的规定,曾某可以向公安机关提出暂缓执行行政拘留的申请。其哥哥为中学语文老师,有能力履行担保,且至今无犯罪记录,表明其为合法公民,享有政治权利,人身自由未受到限制,同时在当地有固定住所和常住户口,满足《治安管理处罚法》第 108 条有关担保人的要求。

被处罚人曾某已经提起了行政诉讼,满足提出暂缓执行拘留的前提条件,已经提出了符合法定条件的担保人,满足了《治安管理处罚法》第 107 条的规定,所以公安机关批准了曾某提出的暂缓执行行政拘留的申请。

根据《治安管理处罚法》第 107 条规定,被处罚人不服行政拘留处罚决定,如果不选择行政诉讼,也可以申请行政复议。另外,根据《治安管理处罚法》第 114 条规定,被处罚人有权对公安机关及其人民警察办理的不严格执法或者违法违纪行为进行执法监督。被处罚人有权向公安机关或者人民检察院、行政监察机关检举、控告;收到检举、控告的机关,应当依据职责及时处理。

案 例 二

案情

某县公安局接到有人在某村村民徐某宅基地住宅内聚众赌博的举报电话,遂派员前往检查。警察到达举报现场,敲门 5 分钟后仍然无人应答。警察遂破门入室,只见徐某一人。徐某拒绝在检查笔录上签字,警察在检查笔录上签字,注明这一情况。徐某认为检查行为违法,提起行政诉讼。

案件结果

法院经过审查,驳回了徐某的诉讼请求。

解析

我国《治安管理处罚法》第 77 条规定,公安机关对报案、控告、举报或者违反治安管理行为人主动投案,以及其他行政主管部门、司法机关移送的违反治安管理案件,应当及时受理,并进行登记。

第 87 条规定,公安机关对与违反治安管理行为有关的场所、物品、人身可以进行检查。检查时,人民警察不得少于 2 人,并应当出示工作证件和县级以上人民政府公安机关开具的检查证明文件。对确有必要立即进行检查的,人民警察经出示工作证件,可以当场检查,但检查公民住所应当出示县级以上人民政府公安机关开具的检查证明文件。

第 88 条规定,检查的情况应当制作检查笔录,由检查人、被检查人和见证人签名或者盖章;被检查人拒绝签名的,人民警察应当在笔录上注明。

本案中,县公安局应当对电话举报进行登记,警察对徐某住所进行检查时不得少于 2 人。警察对徐某住所进行检查时,应当出示工作证件和县级以上政府公安机关开具的检查证明文件。徐某拒绝在检查笔录上签名,人民警察应当在笔录上注明。因此,徐某不签字并不必然导致检查笔录没有效力。

对于警察在何种情况下应当破门而入,我国法律并没有明确规定。这要根据民警所处的情况具体分析,根据现场的实际情况和自己的办案经验,经多方了解后,去判断、推测、灵活掌握。可以明确的是,当遇到特别紧急的情况,如突发、重大、紧急和比较特殊的事件,警察当然会破门而入,不仅仅是因为在执行公务,更重要的是人民的生命财产安全亟待保护,社会公共秩序亟须维护。

案例三

案情

某区公安分局派出所突击检查某村村民刘某在镇上经营的KTV。刘某向正在吸毒的村民王某通风报信,派出所突击检查一无所获。派出所工作人员将刘某带回调查,刘某因受到逼供而说出实情。派出所据此决定对刘某拘留7日,刘某不服,提起诉讼,要求听证,并将该派出所告上法庭。

案件结果

法院裁定不予受理。

解析

我国《治安管理处罚法》第98条规定,公安机关作出吊销许可证以及处2000元以上罚款的治安管理处罚决定前,应当告知违反治安管理行为人有权要求举行听证;违反治安管理行为人要求听证的,公安机关应当及时依法举行听证。因此,在治安管理处罚中,只有吊销许可证、处2000

元以上罚款才应当适用听证程序;对于行政拘留的处罚,当事人没有要求听证的权利。

我国《治安管理处罚法》第79条规定,公安机关及其人民警察对治安案件的调查,应当依法进行。严禁刑讯逼供或者采用威胁、引诱、欺骗等非法手段收集证据。以非法手段收集的证据不得作为处罚的根据。

本案中,刘某说出实情是因受到逼供,故其口供不得作为处罚的根据,本案中的行政拘留决定确实存在证据不足的违法情形。我国《治安管理处罚法》第91条规定,治安管理处罚由县级以上人民政府公安机关决定;其中警告、500元以下的罚款可以由公安派出所决定。因此,拘留的决定不能由派出所自行决定。

派出所作为派出机构,只有警告和处以500元以下罚款的授权。派出所如果超出法定授权的种类作出行政拘留决定,应视为没有授权,而不是超出法定授权范围的情形。因此,应当以派出所所属行政机关——区公安分局为被告。

本案中,对于行政拘留的处罚,当事人没有要求听证的权利。由于派出所没有合法采集证据,其对刘某的拘留决定违法。某区公安分局派出所没有行政权,只是被授权单位,所以,某区公安分局派出所不是本案的被告,因此法院裁定不予受理。

案例四

案情

某村村民杨某自2007年5月起开始非法制造、贩卖管制刀具,至次年1月停止。2008年8月,公安机关根据群众举报发现了杨某的违法行为,杨某主动停止了违法行为并配合查处,而且认错态度较好。

案件结果

公安机关没有对杨某进行治安管理处罚。

解析

本案主要涉及的是治安管理案件的追诉时效问题。

追诉时效,是刑法规定的司法机关追究犯罪人员刑事责任的有效期限。犯罪已过法定追诉时效期限的,不再追究犯罪分子的刑事责任;已经追究的,应当撤销案件,或者不予起诉,或者宣告无罪。我国《刑法》第87条规定,犯罪经过下列期限不再追诉:(1)法定最高刑为不满5年有期徒刑的,经过5年;(2)法定最高刑为5年以上不满10年有期徒刑的,经过10年;(3)法定最高刑为10年以上有期徒刑的,经过15年;(4)法定最高刑为无期徒刑、死刑的,经过20年。如果20年以后认为必须追诉的,须报请最高人民检察院核准。

但是也有例外情况,我国《刑法》第88条规定,在人民检察院、公安机关、国家安全机关立案侦查或者在人民法院受理案件以后,逃避侦查或审判的,不受追诉期限的限制。被害人在追诉期限内提出控告,人民法院、人民检察院、公安机关应当立案而不予立案的,不受追诉期限的限制。

我国《治安管理处罚法》第22条规定,违反治安管理行为在6个月内没有被公安机关发现的,不再处罚。前款规定的期限,从违反治安管理行为发生之日起计算;违反治安管理行为有连续或者继续状态的,从行为终了之日起计算。

本案中,李某的违法行为自2007年5月持续至次年1月,其追诉时效应从2008年1月起算。公安机关根据群众举报,直到2008年8月才发现李某的违法行为,所以李某的行为已经超过了追诉时效,公安机关不应对李某予以处罚。

对于减轻或者不予处罚的其他情形,《治安管理处罚法》第19条作出了明确规定,即违反治安管理有下列情形之一的,减轻处罚或者不予处罚:(1)情节特别轻微的;(2)主动消除或者减轻违法后果,并取得被侵害人谅解的;(3)出于他人胁迫或者诱骗的;(4)主动投案,向公安机关如实陈述自己的违法行为的;(5)有立功表现的。

超过追诉时效,司法机关就不能再追究其刑事责任。这样做不仅符合我国刑罚的目的要求,而且有利于司法机关提高办事效率,集中精力办理紧急的刑事案件;最重要的是,可以节省司法资源,节省人力物力,有利于社会的和谐稳定。

九、法律援助

(一)法律援助法律知识

1. 申请法律援助最基本的知识

案例

村民胡某今年68岁,有3个子女,由于早年离异,这3个子女与其关系都不融洽,所以晚年的时候,3个子女都不赡养他。胡某想通过法院解决此事,但他听说法律援助可以免费打官司。什么是法律援助?

解析

根据我国《法律援助条例》第1~3条的规定,法律援助制度,是指为维护公民的合法权益,由政府设立的法律援助机构组织法律援助人员为经济困难或者特殊案件的当事人提供减免收费的法律服务制度。法律援助有法律咨询、代理、刑事辩护等无偿法律服务。

2. 法律援助有几种方式

案例

村民胡某今年68岁,准备与3个子女对簿公堂,索要赡养费。他听说法律援助可以找法律援助机构,还可以找法院申请。他到底应该找谁申请法律援助呢?

解析

我国法律援助的方式主要有以下4种:

(1)免收、减收聘请律师的费用;

(2)免交、减交诉讼费,这是以各级法院为主体的法律援助方式;

(3)免收、减收公证费用;

(4)免收、减收基层法律服务费用。

据此可知,本案中,胡某需要通过诉讼解决赡养费的问题。因此,他要先向法律援助机构申请减免律师费的法律援助业务;在诉讼过程中,还可以向法院申请减免诉讼费的法律援助业务。

3. 丧失劳动能力,没有经济来源,可以申请法律援助吗

案例

村民李某今年65岁,由于早年受过伤,已经丧失了劳动能力,都是靠儿子照顾生活,后来儿子在一次工伤事故中去世,所以现在他已经没有经济来源,但是村里不同意给其最低生活待遇。他可以申请法律援助吗?

解析

我国《法律援助条例》第10条规定,公民对下列需要代理的事项,因经济困难没有委托代理人的,可以向法律援助机构申请法律援助:(1)依法请求国家赔偿的;(2)请求给予社会保险待遇或者最低生活保障待遇的;(3)请求发给抚恤金、救济金的;(4)请求给付赡养费、抚养费、扶养费的;(5)请求支付劳动报酬的;(6)主张因见义勇为行为产生的民事权益的。省、自治区、直辖市人民政府可以对前款规定以外的法律援助事项作出补充规定。公民可以就本条第1款、第2款规定的事项向法律援助机构申请法律咨询。

本案中,李某丧失劳动能力,没有经济来源,村里拒绝给予其最低生活保障,所以他可以申请法律援助。

▶ 4. 申请法律援助必须提供哪些证明材料

案例

村民王某曾经随一个老乡在镇里给一个种子公司搞装修工作，干了3个月，这个老乡在拿到装修款之后，竟然以各种理由拖欠王某劳务费用，不是今天不在家，就是钱已经用在订购原材料上面，总之就是不给钱。老实本分的王某，文化水平不高，他想通过法院起诉要回这笔辛苦钱，如果他想申请法律援助，需要提交什么材料？

解析

我国《法律援助条例》第17条规定，申请代理、刑事辩护的法律援助应当提交以下证件、证明材料：(1)身份证或者其他有效的身份证明，代理申请人还应当提交有代理权的证明；(2)经济困难的证明；(3)与所申请法律援助事项有关的案件材料。

据此可知，王某如果想申请法律援助，需要提供上述规定中提到的证明材料，尤其是经济困难的证明。

▶ 5. 可以口头申请法律援助吗

案例

村民谢某从小患有严重的癫痫病，因为这个疾病，他没上过学，所以也不识字。后来听说镇里的医院引进了一个细胞修复手术的项目，可以根治癫痫病。谢某为了治病，东拼西凑了一笔钱，来这家医院做手术，可手术做完，不仅没治好，还引发了其他并发症。后通过新闻得知，这家医院引进的所谓细胞修复手术，根本没有批文，属于不合法的项目。谢某准备申请法律援助，他不会写字，能用口头形式申请吗？

解析

我国《法律援助条例》第17条第2款规定,法律援助申请应当采用书面形式,填写申请表;以书面形式提出申请确有困难的,可以口头申请,由法律援助机构工作人员或者代为转交申请的有关机构工作人员作书面记录。据此可知,谢某不识字,是可以口头申请法律援助的。

6. 无行为能力人和限制行为能力人的法律援助由谁来申请

案例

村民谢某因一项所谓的细胞修复手术,不仅没把癫痫病治好,还带来严重的并发症,就在其准备以口头形式申请法律援助的时候,由于医疗创伤导致休克,现在已经丧失意识。在这种情况下,是否可以由其父母作为法定代理人申请法律援助呢?

解析

我国《法律援助条例》第16条规定,申请人为无民事行为能力人或者限制民事行为能力人的,由其法定代理人代为提出申请。无民事行为能力人或者限制民事行为能力人与其法定代理人之间发生诉讼或者因其他利益纠纷需要法律援助的,由与该争议事项无利害关系的其他法定代理人代为提出申请。

据此可知,已经失去意识的谢某如果需要打官司申请法律援助,可由其法定代理人提出申请。

7. 该向哪个部门申请国家赔偿法律援助

案例

村民刘某家里没有厕所,都是去户外的旱厕去上厕所。一天凌晨,他由于闹肚子，起来上厕所，就在如厕过程中，听见隔壁女厕所有打斗的声音，等他上完厕所，发现女厕所门口倒着一个人。原来是同村的女子王某，被人勒死在厕所门口。当地警察在对刘某采取刑讯逼供后，逼迫刘某认罪。后法院一审判决刘某死缓，二审维持原判。10 年后，王某凶杀案的真凶被抓落网，刘某被改判无罪。刘某如果申请国家赔偿的法律援助，可以向哪个地方的法律援助机构申请？

解析

根据我国《法律援助条例》第 14 条规定，请求国家赔偿的，向赔偿义务机关所在地的法律援助机构提出申请。本案中的赔偿义务机关指的是对犯罪嫌疑人采取侦查、检察、审判等刑事诉讼职权时，侵犯公民合法权益且造成损害的机关。据此可知，受冤假错案迫害的刘某，如果申请法律援助，可以向赔偿义务机关所在地的法律援助机构提出申请。

8. 请求给予社保、低保、抚恤金、救济金，该向哪个部门提出法律援助申请

案例

村民王某家里很穷，基本上属于揭不开锅的状态。他想申请低保待遇，可是被当地低保部门拒绝了。王某想通过法律援助解决此事，他可以向哪个地方的法律援助机构申请法律援助？

解析

根据我国《法律援助条例》第 14 条规定，请求给予社会保险待遇、最低生活保障待遇或者请求发给抚恤金、救济金的，向提供社会保险待遇、最低生活保障待遇或者发给抚恤金、救济金的义务机关所在地的法律援助机构提出法律援助申请。据此可知，王某由于经济困难，在申请低保待

遇的时候碰壁,他可以向低保待遇义务机关所在地的法律援助机构提出法律援助申请。

▶ 9. 请求给付赡养费、抚养费、扶养费,该向哪个部门提出法律援助申请

案例

村民高某今年67岁,曾经因为分家问题与儿女们的关系搞得很僵,直接导致儿女们对其不管不顾。随着年龄的增长,加上老伴去世,现如今高某的生活非常窘迫,所以急需儿女尽孝。高某准备起诉儿女们给付赡养费,他可以向什么地方的法律援助机构申请?

解析

根据我国《法律援助条例》第14条规定,请求给付赡养费、抚养费、扶养费的,向给付赡养费、抚养费、扶养费的义务人住所地的法律援助机构提出法律援助申请。据此可知,高某因赡养问题与儿女发生纠纷,他可以向儿女的住所地法律援助机构提出法律援助申请。

▶ 10. 请求支付劳动报酬,该向哪个部门提出法律援助申请

案例

某村有个村办企业,搞养殖和农用品开发,在村里招了很多村民来厂里上班。刚开始的时候效益还不错,可后来由于发展方向的原因,这个村办企业的经济效益直线下降,拖欠劳动报酬好几个月了。被拖欠工资的村民,准备申请法律援助,他们可以向什么地方的法律援助机构申请?

解析

根据我国《法律援助条例》第14条规定,请求支付劳动报酬的,向支

付劳动报酬的义务人住所地的法律援助机构提出法律援助申请。据此可知，因村办企业拖欠村民劳动报酬，他们可以向村办企业所在地的法律援助机构申请法律援助。

▶ 11. 主张因见义勇为行为产生的民事权益，该向哪个部门提出法律援助申请

案例

村民郭某小时候练过武术，崇尚“锄强扶弱”的武术精神。成年后，郭某靠种地为业，农闲时给镇里的饭店送送菜，日子很清贫，但也过得自在。某日，郭某在去镇里回家的路上，看见几个地痞流氓正在调戏一个妇女，便出手相助，但双拳难敌四手，虽然成功赶跑了流氓，但也被流氓殴打致残，丧失部分劳动能力。郭某家属要求被救下的妇女提供补偿，但被拒绝。家属可以向什么地方的法律援助机构申请法律援助？

解析

根据我国《法律援助条例》第14条规定，主张因见义勇为行为产生的民事权益的，向被请求人住所地的法律援助机构提出法律援助申请。据此可知，见义勇为的郭某在拯救某妇女的过程中受到不法伤害，可以向被救助人所在地的法律援助机构提出申请。

▶ 12. 对法律援助机构不予援助的决定有异议时怎么办

案例

村民胡某平日里靠着出租房屋为生，虽然没工资，但租金收入颇丰。胡某后来和别人产生租赁纠纷，想通过诉讼解决。但他又不想花钱请律师打官司，听说可以申请法律援助，只要申请被批准，就有律师免费帮其打官司。这是好事，胡某便向某法律援助机构申请法律援助，但被法律援

助机构以不符合条件为由拒绝。胡某对此决定有异议,该怎么办?

解析

根据我国《法律援助条例》第19条规定,申请人对法律援助机构作出的不符合法律援助条件的通知有异议的,可以向确定该法律援助机构的司法行政部门提出,司法行政部门应当在收到异议之日起5个工作日内进行审查,经审查认为申请人符合法律援助条件的,应当以书面形式责令法律援助机构及时对该申请人提供法律援助。本案中,王某以租赁纠纷申请法律援助,被法律援助机构驳回,他可以向确定该法律援助机构的司法行政部门提出异议申请。

13. 法律援助的实施步骤有哪些

案例

村民王某因抚养费纠纷,准备跟儿女们打官司,后来通过申请法律援助,也被某法律援助机构依法受理,并指派了律师帮其打官司。但对打官司一知半解的王某很担心这个案件,所以他想知道律师提供法律援助的具体步骤包括什么?

解析

根据《法律援助条例》第5条、第6条、第17条、第24条规定,法律援助的实施步骤:

(1)法律援助机构负责受理、审查法律援助申请,指派或者安排人员为符合本条例规定的公民提供法律援助。

(2)律师应当依照律师法和本条例的规定履行法律援助义务,为受援人提供符合标准的法律服务,依法维护受援人的合法权益,接受律师协会和司法行政部门的监督。

(3)公民申请代理、刑事辩护的法律援助应当提交下列证件、证明材料:身份证或者其他有效的身份证明,代理申请人还应当提交有代理权的证明;经济困难的证明;与所申请法律援助事项有关的案件材料。申请应当采用书面形式,填写申请表;以书面形式提出申请确有困难的,可以口头申请,由法律援助机构工作人员或者代为转交申请的有关机构工作人员作书面记录。

(4)受指派办理法律援助案件的律师或者接受安排办理法律援助案件的社会组织人员在案件结案时,应当向法律援助机构提交有关的法律文书副本或者复印件以及结案报告等材料。法律援助机构收到前款规定的结案材料后,应当向受指派办理法律援助案件的律师或者接受安排办理法律援助案件的社会组织人员支付法律援助办案补贴。

(二)典型案例

案例一

案情

王甲、王乙、王丙从事建筑工作,主要跟随施工队队长胡某承包建筑工地上的零散工活。双方没有签订书面劳动合同,只是口头约定:工程按期完成后,胡某一次性给付 3 人劳动报酬。工程完工,3 个月过去了,施工队队长胡某以原发包方某公司还拖欠承包工程款为由,迟迟不肯给付报酬 8 万元整。王甲、王乙、王丙及其他 10 余名农民工多次讨要无果,被某法律援助工作站劝解到区法律援助处,通过法律途径请求援助,追讨劳动报酬。

案件结果

法律援助中心建议使用非诉讼方式解决此纠纷,并指派法律工作者张某专门协调此案,力争快速、合理解决。张某直接找到胡某,向他讲明国家法律规定,但胡某仍说自己没钱。无奈之下,张某辗转来到原发包某公司找负责人了解事件的来龙去脉,希望发包公司予以配合,最后经过区建设委员会工作人员及张某的耐心疏导,胡某支付了 8 万元劳动报酬。

解析

我国《法律援助条例》第 10 条规定,公民对下列需要代理的事项,因经济困难没有委托代理人的,可以向法律援助机构申请法律援助:

(1)依法请求国家赔偿的；

(2)请求给予社会保险待遇或者最低生活保障待遇的；

(3)请求发给抚恤金、救济金的；

(4)请求给付赡养费、抚养费、扶养费的；

(5)请求支付劳动报酬的；

(6)主张因见义勇为行为产生的民事权益的。

我国《劳动法》规定,用人单位不得克扣劳动者工资及报酬。国务院《关于解决农民工问题的若干意见》中明确规定:“切实解决政府投资项目拖欠工程款问题,所有建设单位都要按照合同约定拨付工程款项,建设资金不落实的,有关部门不得发放施工许可证,不得批准开工报告。”

我国《法律援助条例》第 14 条明确规定,请求支付劳动报酬,因经济困难没有委托代理人的,可以向支付劳动报酬的义务人住所地的法律援助机构提出申请。

本案中,区法律援助处及时指派法律工作者协调此案,体现了法律援助的及时性。

案 例 二

案情

张某系村民,他家有卧病在床的父母和两个正在读书的孩子。经过 3 次卖血,张某顶不住长年经济拮据的压力,抢劫了自家附近高级公寓的白领李小姐 4000 元钱。张某因抢劫罪被某公安分局刑事拘留。因家庭经济困难,没有聘请律师,张某妻子特此向某法律援助机构申请法律援助。

案件结果

某法律援助机构经过审查后,批准了张某妻子的申请。

解析

我国《法律援助条例》第 11 条规定:“刑事诉讼中有下列情形之一的,公民可以向法律援助机构申请法律援助:(一)犯罪嫌疑人在被侦查机关第一次讯问后或者采取强制措施之日起,因经济困难没有聘请律师的;(二)公诉案件中的被害人及其法定代理人或者近亲属,自案件移送审查起诉之日起,因经济困难没有委托诉讼代理人的;(三)自诉案件的自诉人及其法定代理人,自案件被人民法院受理之日起,因经济困难没有委托诉讼代理人的。”第 12 条规定:“公诉人出庭公诉的案件,被告人因经济困难或者其他原因没有委托辩护人,人民法院为被告人指定辩护时,法律援助机构应当提供法律援助。被告人是盲、聋、哑人或者未成年人而没有委托辩护人的,或者被告人可能被判处死刑而没有委托辩护人的,人民法院为被告人指定辩护时,法律援助机构应当提供法律援助,无须对被告人进行经济状况的审查。”第 13 条规定,公民经济困难的标准,由省、自治区、直辖市人民政府根据本行政区域经济发展状况和法律援助事业的需要规定。申请人住所地的经济困难标准与受理申请的法律援助机构所在地的经济困难标准不一致的,按照受理申请的法律援助机构所在地的经济困难标准执行。

第 15 条规定,本条例第 11 条所列人员申请法律援助的,应当向审理案件的人民法院所在地的法律援助机构提出申请。被羁押的犯罪嫌疑人的申请由看守所在 24 小时内转交法律援助机构,申请法律援助所需提交的有关证件、证明材料由看守所通知申请人的法定代理人或者近亲属协助提供。

本案中,张某家庭经济拮据,且符合《法律援助条例》第 11 条第 1 款第 1 项的规定,在被采取强制措施之日起因经济困难没有聘请律师,因此张某妻子申请法律援助是符合条件的,法律援助机构应当予以援助。

案例三

案情

李某因盗窃罪被提起公诉，李某妻子朱某因家庭经济困难，特向某法律援助机构提起法律援助申请。朱某提交了李某的身份证及家庭贫困证明，以书面形式填写了申请表。某法律援助机构经审查，认为申请人提交的相关材料不符合要求，遂要求朱某作出必要的补充或者说明，朱某未按要求作出补充或者说明。

案件结果

某法律援助机构视朱某不作为为撤销申请。

解析

我国《法律援助条例》第17条规定："公民申请代理、刑事辩护的法律援助应当提交下列证件、证明材料：(一)身份证或者其他有效的身份证明，代理申请人还应当提交有代理权的证明；(二)经济困难的证明；(三)与所申请法律援助事项有关的案件材料。申请应当采用书面形式，填写申请表；以书面形式提出申请确有困难的，可以口头申请，由法律援助机构工作人员或者代为转交申请的有关机构工作人员作书面记录。"第18条规定："法律援助机构收到法律援助申请后，应当进行审查；认为申请人提交的证件、证明材料不齐全的，可以要求申请人作出必要的补充或者说明，申请人未按要求作出补充或者说明的，视为撤销申请；认为申请人提交的证件、证明材料需要查证的，由法律援助机构向有关机关、单位查证。对符合法律援助条件的，法律援助机构应当及时决定提供法律援助；对不符合法律援助条件的，应当书面告知申请人理由。"

申请人对法律援助机构作出的不符合法律援助条件的通知有异议的,根据《法律援助条例》第 19 条的规定,可以向确定该法律援助机构的司法行政部门提出,司法行政部门应当在收到异议之日起 5 个工作日内进行审查,经审查认为申请人符合法律援助条件的,应当以书面形式责令法律援助机构及时对该申请人提供法律援助。

作为政府责任,法律援助的施行是有条件的。因此,法律援助机构在收到法律援助申请后必须进行审查。法律援助的审查,是指拥有审查权的法律援助机构,按照法定法律援助条件、范围等标准,对法律援助的申请进行审查。审查是法律援助程序中极为重要的环节,是将抽象的法律援助标准具体化的实际操作过程,集中表现了法律援助制度的权威性、统一性。

本案涉及法律援助的申请和审查。朱某因家庭经济困难为丈夫申请法律援助,在提交的材料中缺少了代理权证明,即证明自己对丈夫有代理权限。另外,材料中也缺少与所申请法律援助事项有关的案件材料。在法律援助机构收到申请并进行审查后,已经明确告知朱某提交的证明材料不齐全,而朱某仍然存在侥幸心理,没有作出必要的补充和说明。根据法律规定,申请人未按要求作出补充或者说明的,视为撤销申请。因此,某法律援助机构视朱某不作为为撤销申请。

案 例 四

案情

某法律援助机构指派 A 律师事务所王律师办理某法律援助案件。王律师在办案过程中,允诺能帮陈某打赢官司,并收取了当事人陈某 1000 元。后对方胜诉,陈某向王律师索要 1000 元无果,于是投诉到司法行政部门。

案件结果

司法行政部门责令 A 律师事务所王律师退还办理法律援助案件收取的钱款并处所收钱款 2 倍的罚款。

解析

我国《法律援助条例》第 28 条规定，律师有下列情形之一的，由司法行政部门给予警告、责令改正；情节严重的，给予 1 个月以上 3 个月以下停止执业的处罚：(1) 无正当理由拒绝接受、擅自终止法律援助案件的；(2) 办理法律援助案件收取财物的。有前款第 2 项违法行为的，由司法行政部门责令退还违法所得的财物，可以并处所收财物价值 1 倍以上 3 倍以下的罚款。第 29 条规定，律师办理法律援助案件违反职业道德和执业纪律的，按照《律师法》的规定予以处罚。

另外，《法律援助条例》第 26 条规定，法律援助机构及其工作人员有下列情形之一的，对直接负责的主管人员以及其他直接责任人员依法给予纪律处分：(1) 为不符合法律援助条件的人员提供法律援助，或者拒绝为符合法律援助条件的人员提供法律援助的；(2) 办理法律援助案件收取财物的；(3) 从事有偿法律服务的；(4) 侵占、私分、挪用法律援助经费的。办理法律援助案件收取的财物，由司法行政部门责令退还；从事有偿法律服务的违法所得，由司法行政部门予以没收；侵占、私分、挪用法律援助经费的，由司法行政部门责令追回，情节严重，构成犯罪的，依法追究刑事责任。第 30 条规定，司法行政部门工作人员在法律援助的监督管理工作中，有滥用职权、玩忽职守行为的，依法给予行政处分；情节严重，构成犯罪的，依法追究刑事责任。

法律援助制度本身是国家在司法制度运行的各个环节和各个层次上，对因经济困难及其他因素而难以通过通常意义上的法律救济手段保障自身基本社会权利的弱者，减免收费提供法律帮助的一项法律保障制度。而某些没有职业道德的律师、法律援助机构及其工作人员违反职业道德和执业纪律,司法行政部门工作人员利用工作上的便利,滥用职权、玩忽职守已经是违法行为,构成犯罪的,理应追究刑事责任。

本案中,A 律师事务所王律师在办案过程中允诺能帮陈某打赢官司,并收取了当事人陈某 1000 元,已经违反了《法律援助条例》第 28 条的规定,应当由司法行政部门责令退还违法所得的钱款,可以并处所收钱款价值 1 倍以上 3 倍以下的罚款。

图书在版编目(CIP)数据

农民以案释法读本 / 全国“八五”普法统编教材编写组编. -- 2 版. -- 北京：法律出版社，2021
ISBN 978-7-5197-5743-4

Ⅰ. ①农… Ⅱ. ①全… Ⅲ. ①案例－汇编－中国 Ⅳ. ①D920.5

中国版本图书馆 CIP 数据核字(2021)第 129845 号

农民以案释法读本(第二版)
NONGMIN YIANSHIFA DUBEN (DI-ER BAN)

全国“八五”普法统编教材编写组 编

策划编辑 沈小英
责任编辑 陈 妮 程王刚
装帧设计 汪奇峰

出版发行 法律出版社
编辑统筹 法治与经济出版分社
责任校对 晁明慧
责任印制 吕亚莉
经 销 新华书店

开本 710 毫米×1000 毫米 1/16
印张 15.5 **字数** 256 千
版本 2021 年 8 月第 2 版
印次 2021 年 8 月第 1 次印刷
印刷 固安华明印业有限公司

地址：北京市丰台区莲花池西里 7 号(100073)
网址：www.lawpress.com.cn
投稿邮箱：info@lawpress.com.cn
举报盗版邮箱：jbwq@lawpress.com.cn

销售电话：010－83938349
客服电话：010－83938350
咨询电话：010－63939796

书号：ISBN 978－7－5197－5743－4
定价：56.00 元

凡购买本社图书，如有印装错误，我社负责退换。电话：010－83938349